공예 디자인 혁신을 위한 융합적 사고

Convergence Thinking for Crafts Design Innovation

김 종 선　지음

태학원

공예 디자인 혁신을 위한
융합적 사고

'신 공예시대'가 왔다. 산업디자인 상품에 찌들어 있는 우리들에게 찾아온 공예는 사막의 오아시스이다. 공예인들이여, 이제는 공예의 진정한 가치를 창출시키기 위한 방법을 모색해야 할 때이다.

한국에 일 년 동안 배출되는 디자인학과 졸업생 수는 대략 38,000여 명이며, 총 디자이너 수는 100만여 명에 육박하고 있습니다. 디자인진흥원에 디자인 전문 회사로 등록된 업체 수만 해도 무려 1,300여 업체이고, 미등록 업체까지 포함하면 3,000여 개의 업체가 있다고 합니다. 이러한 통계는 우리나라가 창조적, 혁신적으로 발전해 나갈 수 있는 창의적인 자원을 이미 확보하고 있다는 것을 말해 주고 있습니다. 창의적인 자원이 미래를 개척해 나갈 수 있는 원동력이 된다면 한국의 미래는 디자이너의 손에 달렸다고 해도 과언은 아닐 것입니다. 이처럼 디자인 자원의 중요성은 날로 주목받고 있으나 디자인 지식을 정립해야 할 주체, 즉 디자이너는 턱없이 부족해 보입니다.

여기에서 디자이너의 문제점을 지적하지 않을 수 없습니다. 디자이너들도 디자인을 잘 모릅니다. 지식이 축적되고 복잡해짐에 따라 디자이너 사이에도 전문화가 이루어지고 있습니다. 그러다 보니 디자이너는 폭넓은 지식을 습득하기 보다는 전문지식을 습득하는 데에만 많은 노력을 기울이고 있습니다. 따라서 디자인이라는 큰 개념은 물론 발전되고 있는 디자인의 넓은 모습을 보지 못하게 되는 경우가 종종 있습니다. 이렇게 시야가 좁은 디자이너는 기업 경영의 주도적인 역할이 아닌 하나의 기업의 기능으로써 종속적인 역할에만 머물게 됩니다. 디자인의 역할을 확상시킬 수 있는 좋은 시내환경임에도 디 이상의 발전을 하려고 하기보다는 세분화된 디자인 분야 안에서만 치열하게 경쟁하고 있습니다. 디자이너는 미래를 내다보고 현재 디자인의 범위와 역할을 증대시켜야 합니다. 디자인은 미래 산업의 성장 동력으로서 차세대

창조 사회의 핵심 역량임을 인지하고, 감성적 가치와 창의성이 중요해지는 하이 콘셉트 시대로의 변화를 준비해야 할 것입니다.

최근 디자인 경영을 기업의 핵심 전략으로 사용하여 성공한 사례가 급증하면서 세계적으로 디자인 경영에 대한 연구가 어느 때보다 활발하게 이루어지고 있습니다. 디자인 경영은 디자인과 경영 두 학문의 역량이 하나로 융합된 이론으로 디자인 학과와 경영학과에서 각각 다른 접근 방법으로 이론을 정립해 가고 있습니다. 하지만, 디자인 경영은 디자인 자원을 전략적으로 활용하여 경영하는 새로운 방법론이므로 이 이론의 핵심수단은 디자인 자원이며 디자인 자원을 갖고 있는 사람은 디자이너입니다. 따라서 디자인 경영을 이해하고 적극 활용 가능한 주체는 경영학과 출신의 경영자라기보다는 디자이너라고 말할 수 있고 디자인 학과에서 접근한 디자인 경영의 이론과 실제가 타당성 있다고 하겠습니다. 하지만, 디자이너들은 머릿속에 있는 것을 현실화 시키는 것의 전문가이지만 유독 머릿속에 있는 내용을 글로 표현하는 것을 몹시 어려워하고 있습니다. 내용을 알고 있다고 하더라도 이것을 그림이나 형태로 쉽게 표현할지언정 글로써 내용을 전달하기는 매우 어려워 보입니다. 어떠한 정보와 지식을 체계화하는데 문자의 활용은 가장 강력한 힘을 갖고 있습니다. 하지만, 많은 디자이너가 문자의 활용을 등한시하고 있기 때문에 디자인 관련 지식뿐만 아니라 디자인 경영 이론의 주체성마저 잃어버리고 있습니다. 디자인 경영은 디자이너들의 몫입니다. 따라서 디자인 경영의 주체인 디자이너는 그 주체성을 찾기 위해 디자인 경영자가 되기 위한 지속적인 노력을 해야 할 것입니다.

슈퍼스타 디자이너, 명품, 유명 브랜드 등이 매스컴에 주목을 받으면서 디자인은 화려하다는 환상만을 가지고 뛰어드는 디자이너들이 있습니다. 한마디로 허영심에 가득 찬 디자이너들입니다. 지금 우리에게 필요한 인재는 진정한 디자이너입니다. 진정한 디자이너는 바로 사람들의 삶의 질을 향상시킨다는 목적을 가지고 있습니다. 디자인 과정은 처음부터 끝까지 사람 중심이기 때문에 사람의 주변 환경에 대한 관심과 이해, 그리고 그 사람의 처지와 느끼는 점(정신 상태, 감성) 등을 공감하려는 마음을 담고 있습니다. 즉, 디자이너는 현재 사람들이 느끼고 겪는 불편한 점들을 없앨 수 있는 아이디어를 내고 현실화하여 현재보다 나은 생활환경을 만드는 역할을 맡은 전문인들인 만큼 사람들과 공감하려는 마음이 밑바탕에 있어야 합니다. 사람들의 생활환경은 너무나도 가지각색이고 천차만별입니다. 다들 비슷비슷하게 사는 세상이 아닌 자본주의로 말미암은 빈부격차와 생활환경의 격차가 심화하고 있습니다. 이러한 상태에서 사람의 다양한 필요와 욕구를 헤아릴 수 있는 능력은 근본적으로 사람들에 대한 관심이 많은 디자이너에게서 충분히 발휘될 수 있습니다. 이러한 생각을 하는 디자이너는 지금 시대에 가장 필요한 인재라고 생각합니다. 21세기 리더는 바로 사람들에게 따뜻한 마음을 전해줄 수 있는 디자이너입니다. 하지만, 화려함과 사치스러운 멋만을 추구하는 디자이너들은 도태될 것입니다.

디자인 경영이라는 분야는 1950년대 학문 분야로서 출범했으며, 1970년도에 디자인 경영 교육 과정이 생겨나면서부터 지금까지 이론적 체계를 확립하고자 많은 노력이 있었습니다. 국제적으로 디자인 경영이라는 부문이 생겨난 지는 꽤 오래되었고 한국에서도 최근 디자인의 중요성이 부각되면서 디자인 경영이라는 단어가 각종 매스컴을 통해서 드러나고 있습니다. 한 예로 모 기업은 올해를 디자인 경영의 원년으로 설정하고, 디자이너 채용을 대폭 늘리겠다고 발표했으며, 다른 모 기업은 디자인 경영이 자사의 성공에 핵심 전략이었다고 발표한 사례도 많이 있습니다. 또한, 디자인 경영 리더십을 통해 한국을 디자인하자는 등의 국가 발전 정책 방안이 가시화되면서 이를 보여주기 위한 '서울디자인 한마당' 축제도 매년 개최되고 있습니다. 이는 디자인과 디자인 경영이라는 부문이 하나의 일상 언어로 일반인들에게까지 자연스레 알리는 좋은 계기가 되고 있습니다.

그렇다면 일반인들은 고사하고 디자인 경영을 전공한 사람들, 혹은 현업에 있는 디자인 경영자들은 디자인 경영에 대해 얼마나 정확히 이해하고 있을까요? 디자인 경영에 대한 다양한 해석과 시대에 걸맞지 않은 견해가 난무하고 있어 디자인 경영을 이해하는데 많은 어려움이 따릅니다. 따라서 무엇보다도 디자인 경영 지식에 대한 이론적 체계를 잡는 것이 매우 시급하며, 특히 공예분야에 활용되어야 한다고 생각한다. 저자는 10여 년 동안 디자인분야에 몸담으면서 디자인 경영의 필요성을 통감하고 디자인 경영에 대해서 연구하고 있으며, 디자인 경영을 공예 분야에 적용시켜 공예의 가치를 극대화 하는 방법을 모색해왔습니다. 궁극적으로 공예 디자인 경영이 더욱 발전할 수 있는 계기를 마련하고자 지금까지 연구한 것을 종합하여 디자인 경영의 이론 체계를 확립하고 실천적인 방법론을 제시하여 독자들이 디자인 경영에 대하여 더욱 쉽게 이해하고 활용할 수 있도록 하기 위하여 이 책을 펴내게 되었습니다.

이 책은 크게 세 파트로 구성되었습니다. 〈Part 1. 공예와 공예산업에 대한 이해(Background Knowledge)〉는 디자인 경영을 이해하기 전에 알고 있어야 할 경영 지식 중 가장 연관성이 있는 기본 배경 지식을 다루었습니다. 경영의 대상인 공예와 공예산업 그리고 이것을 둘러싼 변화하는 외부환경에 대하여 알아보았으며, 미래 공예산업이 가야 할 방향의 단서를 제공해 주는데 그 목적이 있습니다. 〈Part 2. 디자인 경영의 이해(Design Management Theory)〉에서는 디자인 경영에 대한 구체적인 설명을, <Part 3. 디자인 경영의 실천(Design Management Practice)〉에서는 디자인 경영을 실천하기 위한 방법을, 그리고 〈Part 4. 산업공예 디자인 경영 전략(Industrial Craft Design Management Strategy)〉에서는 산업공예

혁신을 위하여 도입된 산업공예 디자인 경영의 프레임워크와 전략에 대하여 모색해 보았습니다.

세상에 변하지 않는 것은 없습니다. 또한, 세상에 완벽한 것도 없습니다. 다만, 인간은 완벽하지 않지만 변함에 대처하고 완벽해지려고 노력할 뿐입니다. 그리고 이 점이 인간이 가장 아름다운 이유이기도 합니다. 그래서 세상이 변하는 것입니다. 디자인 경영과 같은 응용 학문의 이론 체계 또한 예외는 아닙니다. 이 책은 본인의 디자인 경영에 대한 연구 결과(객관적 입장)를 가지고 본인의 경험, 과정을 바탕으로 해석(주관적 입장)한 것이기 때문에 본인이 해석한 공예 디자인 경영에 대한 생각이 담겨 있는 것뿐입니다. 따라서 '세상 모든 것에는 예외가 있다.'라는 말을 전제로 이 책을 읽기 바랍니다. 독자가 편견을 버리고 열린 생각으로 이 책을 접하여 디자인 경영 이론을 재해석하고 수정, 보완할 수 있는 열정과 노력을 찾아야 할 것입니다. 디자인 경영의 다각적인 발전의 기회와 책임을 독자들에게 돌립니다.

모쪼록 공예 디자인 경영이 공예 기업의 지속적인 발전을 위한 핵심 전략이 될 뿐만 아니라 세상에 긍정적인 영향을 미치는 인류의 지속적인 발전을 위한 하나의 경영 방법론으로써 하루빨리 자리 잡혔으면 하는 바람입니다. 끝으로 수년간, 이 책을 집필하는 데 많은 도움을 주고 좋은 책을 만들기 위해 노력해 주신 모든 분께 진심으로 감사를 드립니다.

2014년 3월

김 종 선

TABLE OF CONTENTS

PART 2 디자인 경영의 이해 (Understanding Design Management)

PART 3 디자인 경영의 실천(Design Management Practice)

PART 4 산업공예 디자인 경영 전략
(Industrial Craft Design Management Strategy)

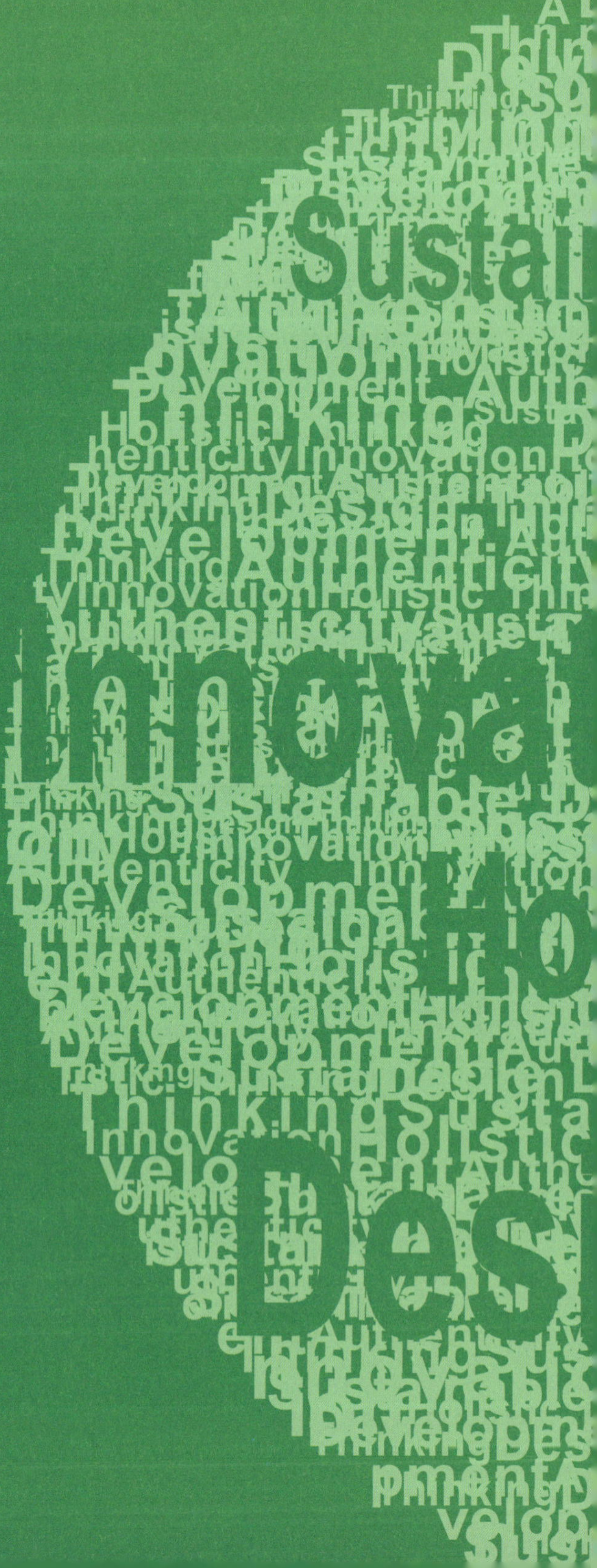

공예에 대한 이해

(Background Knowledge)

PART 01

PART 01

공예에 대한 이해

(Background Knowledge)

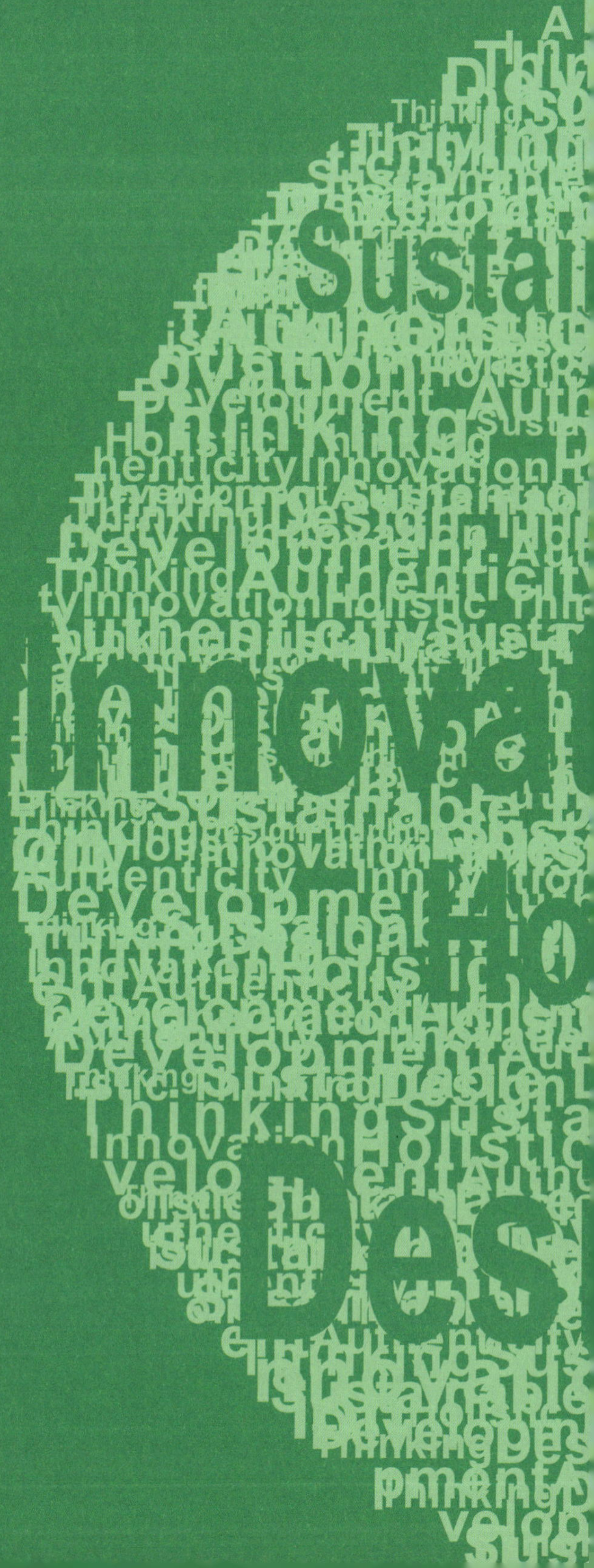

ovationSustainable DevelopmentAuthentic
esign ThinkingSustainable Development

PART 1에서는 이 책의 본론인 공예 혁신을 위한 융합적 사고와 공예 디자인 경영 전략에 대한 설명에 앞서 기본적으로 이해하고 있어야 할 사전지식으로 공예에 대한 개념적 이해와 공예를 둘러싼 변화하는 외부환경에 대한 내용을 다루고자 한다.

1-1 공예와 산업공예

1) 공예의 개념과 미래의 가치

인간은 생활에서 의식주가 해결되면 생활환경에 대한 관심이 많아진다. 특히, 생활과 문화의 수준이 높아질수록 아름다움에 대한 욕구가 커진다. 그래서 생활의 여유가 생기면 좀 더 멋있고 아름다운 것으로 치장하고 소유하려 한다. 이 아름다움에 대한 욕구를 충족시키는 것에 대표되는 것 중의 하나가 바로 공예품이다. 공예품은 인간생활의 문명이 시작되면서부터 인류와 가장 가깝게 지내며 사용되었으며, 주로 일상생활에 많이 사용되고 있는 물품에 미와 결부시켜 쓰임과 아름다움을 겸하고 있다. 이와 같은 공예품은 인간의 문화생활을 한층 풍요롭게 해주는 역할을 하고 있다. 따라서 공예는 지금까지 인간의 생활문화를 주도하면서 발전되어 왔으며, 지역적으로 토속화 된 미를 많이 표현하고 있으므로 그 공예품은 문화의 역사를 대변한다.

일반적으로 공예디자인 사전에서는 공예를 실용적 가치와 미술적 가치를 함께 지닌 조형물의 총칭이라고 정의하고 있으며, 유용한 물건을 제작하는 공업기술과 미술 두 분야가 결합하여 유기적인 통일을 이룰 때 비로소 완성된다고 하였다. 또한 공예의 공(工)자는 상형문자로 주먹을 쥔 것, 또는 대장일 할 때 사용하는 받침을 나타낸다고 했는데, 손끝이나 도구를 사용하여 물건을 만드는 것, 즉 물건을 능숙하게 만드는 것을 의미하며, 장인이나 세공을 가리키게 되어 기능, 기술을 의미하는 예(藝)와 함께 정교하게 물건을 만드는 것을 공예라고 하였다.

하워드 리사티(2011)는 공예를 '인간의 일상생활에서 사용되는 모든 것으로 인간의 생리적 필요와 생존을 위한 투쟁 과정에 기인한다.'[1)]고 하였다. 즉 역사적으로 인간이 어떤 목적을 가지고 자연에 작용을 가하고 무언가 만들어 내고자 한 것이 공예의 시초이다. 따라서 인체의 생리적 필요를 충족시키는 일이며, 다양한 실용적 기능을 수행할 수 있는 실체적 사물을 만드는 것이다. 반드시 기능적인 필요가 없는 예술과는 다르게 생활의 필요 목적에 의해서 만들어진 사물로서 세상에 존재하기 때문에 공예품의 사회적 의미는 그 물질적·실체성으로부터 직접적인 영향을 받게 된다.

따라서 공예는 재료와 재료를 다루는 기술 그리고 실제적·물리적 기능을 핵심으로 다룬다고 볼 수 있다. 공예가 가지고 있는 이러한 속성은 예술과 디자인이라는 영역에도 중요한 역할을 하고 있다. 상징을 만들어 관념을 표현하는 예술의 경우도 표현의 실체를 만들기 위해 공예의 기법이 필요하게 되며, 대량생산을 위한 형태를 구상해야만 하는 디자인의 경우에도 재료, 형태와 사람 간의 자연적이고 유기적인 특성을 다루는 공예의 기술을 요구하고 있다. [그림 1]과 같이 공예는 예술과 디자인의 근본인 뿌리와 같은 존재이자 인프라 역할을 하고 있다는 것을 볼 수 있다. 이러한 관점에서 공예를 볼 때 공예는 재료와 기법을 연구하고 기술을 숙련하는 과정을 담은 살아있는 지식체계이므로 지속적으로 발전시켜야 한다.

---

1) 하워드 리사티. 공예란 무엇인가. 미진사. 2011. p.135

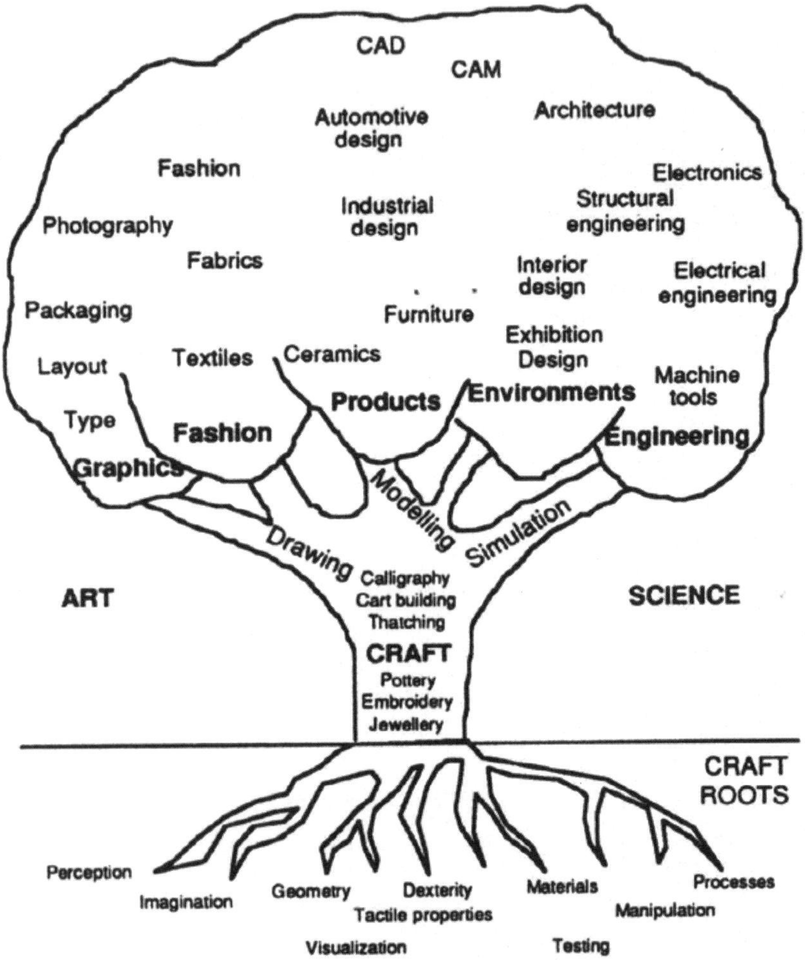

[그림 1] The Design Family Tree. Walker. D. (1989)

2) 공예 디자인 혁신을 위한 학문의 통섭

공예 디자인 혁신을 위한 융합적 사고의 결과는 학문간의 경계를 허물어 학문을 통섭시키는 것에서부터 시작된다. 여기에서 통섭되는 학문은 공예와 가장 연관성 있는 공예, 디자인, 그리고 예술로 총3가지로 각각의 지식적 특성이 융합·활용되어 새로운 지식체계를 만들어 낸다. 이 책에서는 이 새로운 지식체계를 공예(Craft), 디자인(Design), 예술(Art)의 영문 첫 글자를 조합하여 CDA(Craft Design Art)라고 칭하였다.

- **공예의 특성**

공예는 실용적인 물건에 장식적인 가치를 부가함으로써 그 가치를 높이려고 하는 미술로 디자인과 예술과 비슷한 결과물을 산출해 내고 있으나 디자인, 예술과는 존재 이유 자체가 다르다는 것을 강조한다.

[그림 2] 공예의 예시(데일 치훌리-Dale Chihuly)

공예는 공예일 뿐이다. 공예는 재료와 기법을 연구하고 재료를 다루는 기법을 숙련하는 과정이다. [그림 2]는 공예를 예술적으로 승화시킨 공예가 데일 치훌리(Dale Chihuly)의 공예품으로 공예의 특징을 보여주고 있다. 여기에서 예술적이라고 지칭하는 것은 예술이 아닌, 인간의 노력으로 인간의 능력의 한계를 넘어섰을 때 '예술이다, 혹은 예술적이다' 라고 하는 감탄의 표현이다. 공예는 공예일 뿐 예술과는 근본적인 존재 이유가 다름을 인식해야 한다. 이러한 공예만이 가지는 특징을 나타내는 핵심단어는 [그림 3]과 같다.

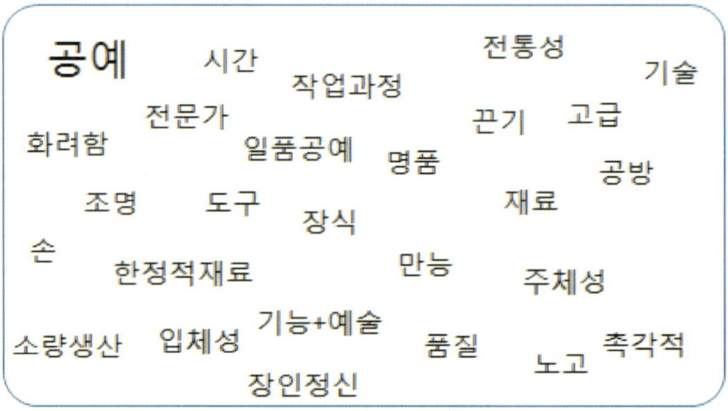

[그림 3] 공예의 특성의 핵심단어

• 디자인의 특성

디자인은 사용자에 대한 이해와 배려에서부터 모든 작업이 시작된다. 디자이너의 만족을 위해서가 아닌 타인의 만족을 위해서 가치생산을 하는 것을 디자인이라고 한다. 따라서 정통적인 디자인은 [그림 4-왼쪽]과 같이 다수를 위한 가치를 생산하는 것으로 대량생산의 산업체제와 일맥상통한다. 그리고 인간의 질적 향상을 추구한다는 철학을 내포하고 있으며 그 사용 목적이 분명하다는 특징을 가지고 있다.

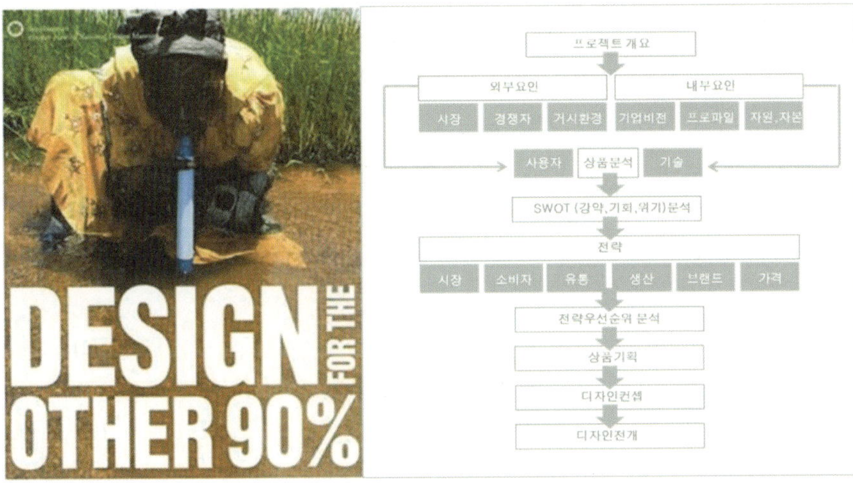

[그림 4] 디자인의 예시

디자인은 고객과 사용자의 요구에 충실해야 함으로 그들의 요구조건은 디자이너 입장에서는 제약 조건이 되며, 이러한 상황 안에서 최선의 해결안을 발현해야 함으로 논리적인 동시에 창의적인 사고가 요구된다. [그림 4-오른쪽]은 디자인 프로세스의 예시로 디자인을 할 때 고려해야 할 사항들이 많음을 보여주고 있다. 이러한 디자인만이 가지는 특징을 나타내는 핵심단어는 [그림 5]와 같다. 공예와 디자인의 본연의 목적이 다르기 때문에 디자인과 연관성이 있는 핵심단어는 공예가 가지고 있는 것과 매우 다르다. 디자인은 목적성, 상업성을 배제할 수 없으며 누군가의 필요를 위해 계획하고 실체를 구현하는 일련의 과정이기 때문이다.

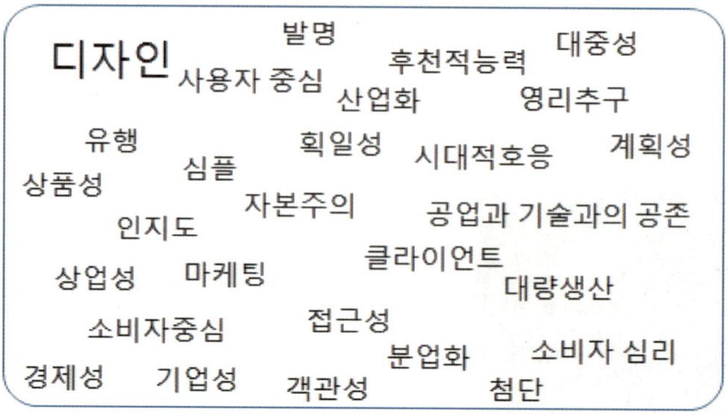

[그림 5] 디자인 특성의 핵심단어

- **예술의 특성**

예술은 사용자에 대한 이해와 배려에서부터 모든 작업이 시작되는 디자인과 상반되는 개념인 작가 자신의 관점에서부터 모든 작업이 시작된다. 예술의 목적은 작가 자신의 철학, 사상, 메시지 등을 유·무형의 매체를 통하여 전달하는 것이다. 이러한 유·무형의 매체를 예술 작품이라고 칭한다. 예술 작품은 사회적인 반향 혹은 계몽을 일으킬 수 있는 내용을 가지고 있어야 하며, 이러한 내용이 작품을 감상하는 이에게 잘 전달 될 수 있도록 감각적으로 표현해야 한다. 내용을 담은 예술 작품은 유·무형의 실체로 전달하기 위해서는 실체로 만드는 현란한 기술도 요구된다. 관람자의 호기심을 자극하기에 충분할 정도의 제작 기술은 예술 작가가 갖추고 있어야 할 핵심역량이다. [그림 6]은 알베르토 자코메티의 작품으로 예술의 특성을 잘 보여주고 있다. 2차 세계대전의 잔인한 인간과 문명의 파괴에 인간의 존엄성을 피력하고자 초췌한 인체를 표현하기 위하여 찰흙을 두툼하게 붙이고 살점을 띠어냈으며, 하늘과 가깝게 맞닿을 수 있도록 고개를 쳐들어 키를 크게 표현하였다.

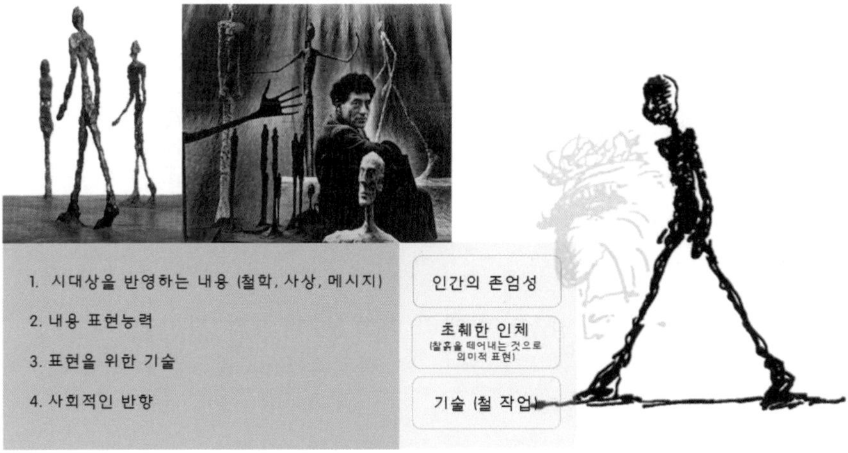

[그림 6] 예술의 예시(알베르토 자코메티–Alberto Giacometti)

이 작품으로 작가의 의도인 인간의 존엄성을 세상에 상기시키면서 사회적인 반향을 일으켰다. 이것은 시대상을 반영하는 철학, 사상, 메시지를 금속 조형물로 표현하여 감상자에게 그 내용을 전달하였으므로 예술의 특성이 잘 반영된 예시로 들 수 있다. 이러한 예술만이 가지는 특징을 나타내는 핵심단어는 [그림 7]과 같다.

예술

선정성, 전위성, 무형식, 자유, 메세지, 비물질성, 자기만족, 정신활동, 주목성, 폐쇄성, 의사전달, 무기능, 자유분방, 추상성, 고찰, 자가중심, 시치성, 오브제

[그림 7] 예술 특성의 핵심단어

• 공예, 디자인, 예술(CDA: Craft Design Art)의 통섭

CDA(Craft-Design-Art) 통섭은 각각의 학문적 이론의 개념과 방법론 등을 서로 교류하여 새로운 지식을 창출시켜 융합적 사고에 의한 결과물을 만들어내는 기초가 된다. 즉 공예, 디자인, 예술의 고유의 특성이 서로 만나 새로운 영역을 만들고 있다. 공예(Craft), 디자인(Design), 예술(Art)의 학제간 통섭은 공예 기술 중심의 융합과 시장 중심의 융합(제품·서비스 / 산업간 융합) 형태의 새로운 가치의 창출을 가능케 하고 있다.

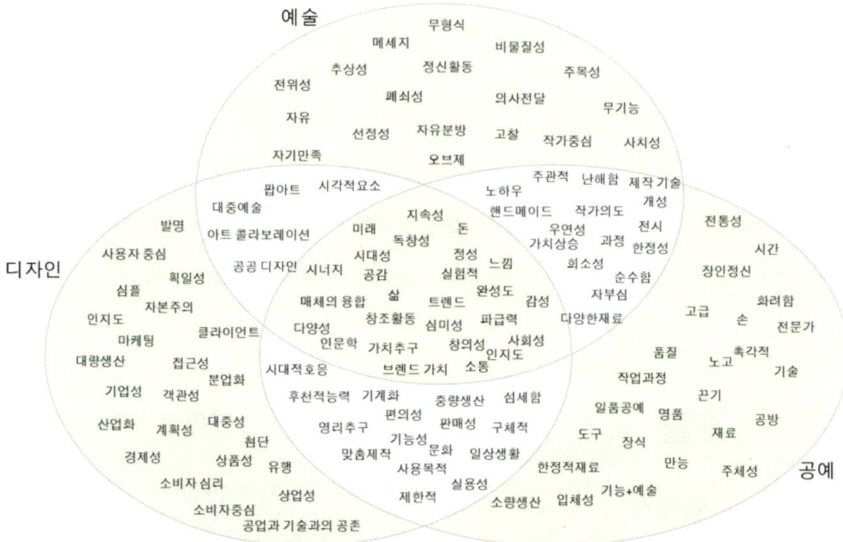

[그림 8] 공예, 디자인, 예술의 통섭 핵심단어

3) 산업공예의 개념

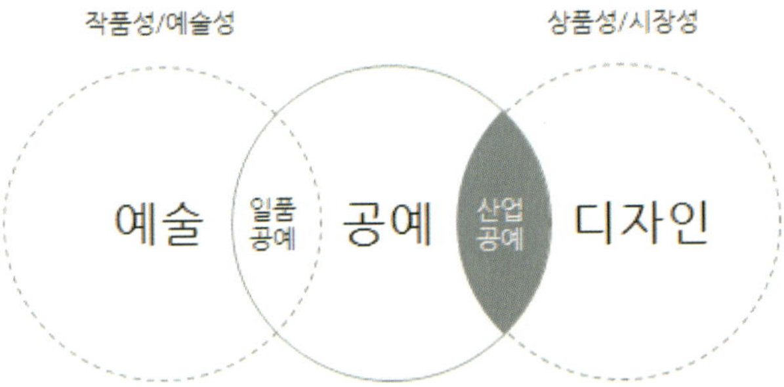

[그림 9] 공예와 산업공예와의 관계

재료와 재료를 다루는 기술, 그리고 인간적인 마음을 담는 실제적·물리적 기능을 가진 순수 공예의 속성은 예술과 디자인이라는 장르와 연관·중첩되어 응용공예 형태로의 새로운 패러다임을 형성시키고 있다. 이러한 패러다임의 생성은 산업혁명을 맞아 근대화의 역사에서 비롯되었다. 손으로 재료를 다루는 데에는 발생하는 순수공예의 한계를 극복시키고 상품성과 시장성을 높이는 데 기계를 사용하게 되면서 새로운 장르인 산업공예(기계공예)가 형성되었다. 산업공예와 순수공예의 차이는 [그림 9]와 같이 같은 사물의 양적 생산 대 유일성을 가진 사물의 수공생산으로 표현할 수 있다[2]. 반면 순수공예의 낮은 지위와 빈약한 시장가치에 대한 대응책으로 등장한 일품공예(예술공예)는 쓰임을 중요시 하던 순수공예의 개념에서 탈피하여 작품성과 예술성이 강조된 개념으로의 응용공예가 공예의 한 장르로 형성되었다.

근대의 예술개념이 성립되기 이전에는 공예의 개념도 명확하지 않아 예술과 공업은 미분화된 채 통일되었으므로 모든 조형품이 공예이

2) 하워드 리사티. 공예란 무엇인가. 미진사. 2011. p.265

기도 했다. 오늘날의 공예가 새로 인식 되게 된 것은 19세기로, 특히 영국의 미술과 공예운동에 의해서였다. 일반적으로 비교적 소규모의 조형에 한정시켜 건축에 포함하지 않는 공예는 도자공예, 금속공예, 염직공예, 유리공예, 가구공예 등 그 분야가 광범위하며, 전통적으로는 수공예에 의한 것이 주가 되지만 근대 기계화에 의한 제품도 포함한다.[3] 한국공예·디자인문화진흥원(2011)에서 발간한 연구보고서, '한국공예문화산업 중장기 계획수립'에서 '공예산업'과 '공예문화'를 합친 '한국공예문화산업'을 공예산업으로 칭하고 있다. 한국공예문화는 '한국의 전통적 기법 및 이 기법에 의한 결과물, 그리고 공예품을 만들어 내는 공예활동을 포괄하는 것'이라고 정의하고 있고, 공예산업은 '공예문화를 구성하는 요소, 즉 공예기법, 공예품 및 공예활동 등 문화의 결과물에 대한 상업적 유통 및 판매하는 공예산업을 총칭'하는 통합개념으로 정의하고 있다.[4]

구분	창작기획	제조/생산	유통	주 소비층
전통공예품	도제제도	소규모집단 혹은 독립된 공방	전문유통상, 전시관	관광지, 지역사회
미술공예품	예술가 (일품성)	독립된 공방 혹은 가게	전시관, 개인공방	고소득층
공예디자인 제품	디자이너 집단	소공장 형태	다양한 유통수단 활용	중산층
기능성 공예품	기계화 진행	공장형 (일관작업)	다양한 유통경로 활용	광범위
관광 기념품	선물용 기획	제약없음	제약없음	관광객 (공항, 호텔)

〈표 1〉 공예산업의 가치사슬구조
출처: 김진호. 한국공예산업 현황에 관한 연구. 2010. p.8

3) 홍욱진. 공예문화상품전문점의 고객만족도 연구. 중앙대학교. 석사학위논문 2002. p.6
4) 한국공예·디자인문화진흥원. 공예산업 실태조사. 2011. p.5

김진호(2010)는 한국 공예산업을 공예품의 유형과 기능에 따라 다음의 <표 1>과 같이 분류하였다. 공예품의 유형과 기능에 따라 가치사슬구조가 달라지는 것을 볼 수 있으며 한국의 대표적인 유형 문화산업인 공예산업은 소규모 수공업에 의해 제조되는 노동집약적인 산업으로 대부분 영세성을 면치 못하고 있다는 특성이 있음을 알 수 있다.

생산수단에 의한 분류	공예 (Craft)	수공예	전통적 도구와 손작업 및 약간의 기계요소
		산업공예	**기계생산, 조립이 가능한 양산 공예품 및 반수공예품**
		생산공예	실용성이 높은 가정용품, 장신구, 기념품, 사무용품, 완구 등
	산업·공업 디자인 (Industrial Design)	소비자제품	가전, 주방용품, 레저 용품, 완구, 가구 등.
		공공·사무용제품	사무기기, 의료기기, 통신기기, 계측기기, 상업·서비스업용 기기 등
		산업장비	공작기계, 농업기계, 광산기계, 수산기계, 섬유기계 등
		운송·교통설비	자동차, 철도차량, 선박, 항공기 등
		환경설비	교통 부대 설비물, 옥내외 공공환경 설비물 등
		기타	의복

〈표 2〉 생산수단에 의한 분류

출처: 임연웅. 디자인 방법론 연구. 미진사. 2003. p.12 연구자 재구성

임연웅(2003)은 <표 2>와 같이 공예와 디자인을 생산수단에 의한 분류로 구분하였다. 디자인은 현대의 공업적 대량생산 기술을 사용하여 합목적성, 심미성, 경제성, 사용성, 독창성을 고려하면서 형을 부여하는 작업이라고 하여 공예와 다른 점을 부각하였다. 공예는 기계의 사용을 대량생산의 수단으로 보지 않고 인간의 손의 연장선상으로 하나의 도구로 인식하고 있음을 보여주고 있다.

한국공예 · 디자인문화진흥원의 공예산업실태조사(2011)에서는 산업공예에 대한 정의를 다음과 같이 내리고 있다. '공예'라는 유사한 성질을 갖는 산업 활동에 주로 종사하는 생산단위의 집합과 노동, 자본, 원료 등 자원을 투입하여, 재화 및 서비스를 생산 또는 제공하는 일련의 활동과정을 광의적인 관점에서 공예산업으로 정의하였다. 광의적 공예산업은 취미공예(취미활동), 예술공예(작가활동), 순수공예(기술과 기법연구), 그리고 산업공예(공예제품산업) 등을 모두 포괄하는 큰 개념이다. 그러나 협의적 공예산업은 산업공예(공예제품산업)만을 의미한다. 협의적 산업공예는 전통적 기능, 기술, 기법 또는 토속 원재료를 근간으로 하여 상품성, 시장성을 지향하는 디자인의 개념을 도입하여 상품을 생산하는 것으로 제조과정의 주요 부분이 수공업적 특성을 갖고 일부 생산 공정이 기계화되어 대량으로 공예제품을 생산하는 것을

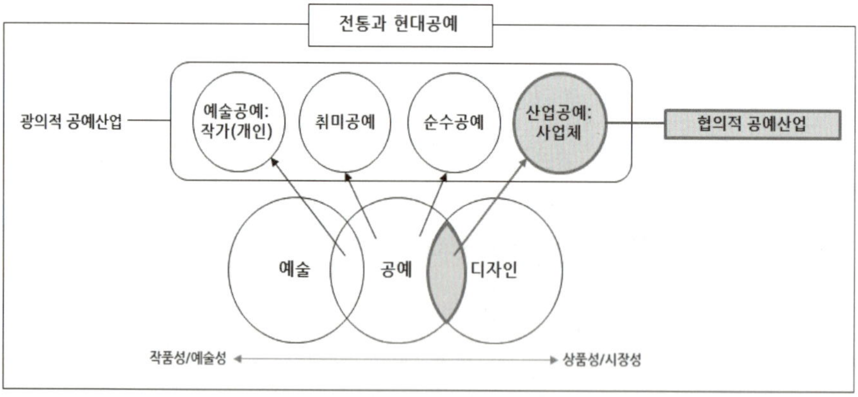

[그림 10] 산업공예의 정의

출처: 한국공예 · 디자인문화진흥원. 공예산업실태조사. 2011 연구자 재구성

말한다.[5] 이는 공예가 예술, 혹은 디자인의 형태로 승화시킬 수 있을 뿐만 아니라 예술과 디자인, 공예의 경계를 무너뜨리고 세 요소를 융합시켜 새로운 장르를 창출해 낼 수 있다는 것을 보여주고 있다.

4) 산업공예의 특성

앞서 산업공예는 전통적 기능, 기술, 기법 또는 토속 원재료를 근간으로 하여 상품성, 시장성을 지향하는 디자인의 개념을 도입하여 상품을 생산하는 것으로 제조과정의 주요 부분이 수공업적 특성을 갖고 일부 생산 공정이 기계화되어 대량으로 공예제품을 생산하는 것을 말한다고 하였다.

구분	공예	디자인	산업공예 (디자인공예)
생산방식	수공생산 (인간적 정서, 정교함)	기계생산 (대중화)	수공+기계생산
생산체재	소품종 소량생산 (희귀성)	소품종 대량생산 (대중성)	다품종 소량생산
주안점	재료(소재)와 기법의 숙련(기술)	상품성, 시장성	상품성, 시장성을 고려하여 공예의 기술(소재와 기법의 숙련)로 상품개발
활용 기법 및 소재	전통, 천연 소재 및 기법 (역사와 문화)	현대, 첨단 소재 및 기법	전통과 현대의 소재와 기법을 활용

〈표 3〉 산업공예의 특징

5) 한국공예·디자인문화진흥원. 공예산업실태조사. 2011. p.3

즉 산업공예는 <표 3>과 같이 공예의 기술적 가치기반에 디자인의 상업적 가치기반을 활용한 것으로 디자인의 방법을 활용하여 공예의 가치를 높인 것이라고 할 수 있다. 따라서 산업공예는 디자인된 공예라고 하여 '디자인 공예'라고도 볼 수 있다. 이러한 산업공예의 특징은 공예와 디자인의 가치가 녹아 있는 형태로도 정의할 수 있다.

1-2 공예가 주목해야 할 변화하는 기업환경

1) 변화하는 기업환경

• 개개인의 다양화

현대 사회의 사람들은 기본적으로 '선택'을 중요하게 여긴다. 이는 태어날 때부터 모든 것이 정해지고 습득되던 계급 사회에서 각자의 가치관과 선택이 중요시되는 민주주의 사회로 바뀌면서 나타난 자연스러운 현상이다. 각자의 생각을 존중받고 합리적으로 선택할 수 있는 조건이 주어지면서 '선택'에 대한 중요성도 높아지게 되었다. 선택할 수 있는 자유가 보장된 우리 사회에서는 개인의 선택이 기업을 만들고, 나아가 사회를 조성하여 우리가 사는 방식(The Way We Do Things)을 크게 바꾸어 나가고 있다.

오늘날의 시장은 그야말로 초 경쟁(Hyper-Competition)의 사태를 맞고 있다. 지난 세대를 거쳐 사람들의 구매력이 올라가면서 새로운 진입자가 압도적으로 많아졌고 보편화한 기술을 통해 하루가 다르게 서로 비슷비슷한 제품들을 내놓고 있어 공급초과 상태에 이르고 있다. 사람들 선택의 폭은 날이 갈수록 넓어지고 있으나 정보 기술의 발달로 사람들은 많은 상품에 대한 정보와 지식을 손쉽게 수집하고 비교할 수 있는 능력을 지니게 되면서 기업 간의 경쟁을 더 치열하게 만들고 있다. 오늘날은 사람들의 욕구와 기대수준이 올라감에 따라서 양을 선택하기보다 자신에게 알맞은 질이 높은 선택을 우선으로 한다. 물질적인 풍요만 이루려는 시대가 지나고 이제는 자신에게 의미 있고 가치 있는 일을 하려는 시대로 바뀌어 가고 있는 것이다. 이는 여행, 각종 미디어, 인터넷 등과 같은 다양한 매체를 통하여 많은 양의 정보를 접하면서도 자신의 정체성을 찾으려는 노력으로 생겨난 것이다. 또한, 자신의 정체성을 확립하고 자아를 실현하려는 노력은 각자가 추구하는 가치의 영역과 종류를 넓히며 발전하게 되고, 이 때문에 개개인의 가치는 매우 감성적이고 주관적인 성향을 띠며 변화된다. 가치는 어떤 것을 매우 소중하게 생각하여 얻고자 노력하는 대상으로 이상적인 상황을 그리는 인간의 욕구이기도 하다. 일반적인 사람은 한 가지 욕구가 아닌 여러 가지의 욕구를 지니고 있으며, 이 욕구들은 때로는 힘을 합하여 새로운 가치를 실현하기도 하지만 때로는 서로의 가치에 모순을 가지게 하기도 한다. 이것은 예측할 수 있는 이성에서부터 나온 판단이 아니므로 복잡하고 다양할 수밖에 없는 것이다.

한 개개인 안에서도 이렇게 복잡하고 다양한 가치의 구조와 수를 지니는데, 그렇다면 개인이 모여 사는 사회는 어떠한 모습일까? 아마도 사회는 수많은 사람의 얼굴 모습만큼이나 다양한 가치가 존재할 것이다. 이러한 상황을 살펴볼 때 예전의 논리 방식으로 사람들의 가치를 예측하여 대량 생산하는 방식으로 운영하는 기업은 개개인이 원하는 다양한 가치를 만들어 내기 어려울 것이다. 반면에 이러한 문제

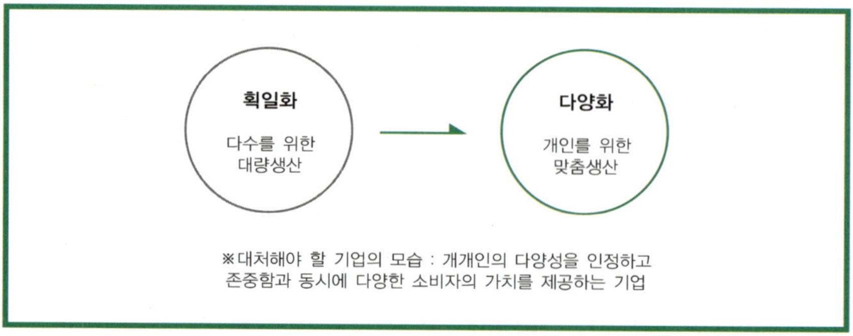

[그림 11] 주목해야 할 기업환경 I

점을 해결하고자 노력하는 기업들에는 새로운 시장을 포착하여 창출할 수 있는 중요한 단서이자 기회가 된다.

20세기는 대량 생산과 대량 소비 중심의 산업 시대로 생산 설비, 고용 규모, 매출액, 경영 조직 등이 모두 대규모 속에 사로잡혀 있었다. 대량 생산을 지향하는 대규모 생산 체제였으므로 상품도 획일적이었고, 한 종류의 상품이 시장을 지배하는 단일 지배 시장이 압도적으로 형성되어 있었다. 그러나 이러한 대규모의 경제는 다양해지는 소비자의 욕구와 고도로 심해지는 시장 경쟁의 변화에 유연하게, 그리고 적극적으로 대응하기에 부적절한 구조였다. 따라서 기업은 변화하는 기업 환경에 대응하고 살아남기 위해 거대 기업 중심의 산업 체계, 상명하복식 부서 체계, 거대 설비와 경직된 경영 구조, 소품종 대량 생산 체제 등을 특징으로 하는 20세기적 산업 구조와 결별하게 되었다. 즉, 시장과 문명의 급격한 변화에 기동적이고 유연하게 대응할 수 있는 다품종 소량 생산 체제, 즉 다양한 상품을 최적 수요에 맞게 생산하는 변종 적량, 유연 생산(Flexible Production) 산업 체제의 시대가 열리게 된 것이다.

이처럼 기업 중심에서 소비자 중심으로 시장의 힘이 옮겨가는 과정에 놓인 기업은 다양한 가치를 추구하려는 개개인의 심리와 제각기 다른 개인의 성향을 파악하여 미래를 준비해야 한다. 즉 개인의 다양한 가치를 존중하며, 가치의 변화에 민감하게 대응해야 하는 시대가 된 것이다. 이러한 상황은 기업이 전반에 걸쳐 근본적으로 변해야 함을 암시해주고 있다.

• 공존하는 사회를 존중하는 사회 구성원

정착된 가치의 세계로부터 벗어난 현대인들은 다양한 선택권을 가지게 되었고 자신의 선택이 최고의 가치를 지니게 하기 위해서 노력한다. 하지만 점점 선택의 폭이 넓어지고 내용이 빠르게 바뀌는 이 시대에 인간이 결정을 내리기 위해 처리하고 알아야 할 정보의 양은 상당히 많다. 수많은 정보에 대한 선택의 방법을 혼자 결정하기는 어려움이 따른다. 무거운 짐을 혼자 드는 것보다는 여러 명이 함께 들어 힘을 나누는 것이 더 현명한 방법인 것처럼, 급변하는 현실에서도 정체성이라는 안정감과 일관된 가치를 유지하기 위해서는 주변 공동체와 함께 고민을 나누는 것이 바람직하다. 인간의 정체성은 공동체 안에서 관계를 통해서 형성되고 여기서 이루어진 선택의 가치는 제품이나 기업을 선택하는 데도 사용된다. 선택의 마지막 순간에 가장 크게 작용하는 것은 '어떠한 가치를 지녔는가?'에 대한 평가일 것이다. 기업의 사회적 책임의 등장은 '어떻게 결정하고 어떠한 삶을 사느냐의 기로에서 우리가 선택하는 것은 결국 기존의 우리의 지식 속에 학습된 도덕적 가치 규범이자 선과 악에 바탕을 둔 윤리학임'을 보여준 대표적인 사례이다. 즉 문화와 전통의 차이를 극복하고 하나의 생활권 안에서 지구촌 구성원들이 함께 살아가기 위해서는 공동의 이해를 도모하고 믿고 관계를 이룰 수 있는 지구촌 사회의 새로운 가치 체계와 사회 기준이 필요해진 것이다.

건실해 보였던 금융 기관, 혹은 대기업의 파산으로 말미암아 기업의 도덕적 해이가 속속 발견되면서 그 여파가 국내는 물론 세계로까지 확산되어 소비자들은 비윤리적 기업이 결국 개인에게 큰 피해를 준다는 것을 몸소 느끼게 되었다. 과거의 소비자들은 가능한 한 좋은 제품을 값싸게 구하려고 노력했다. 하지만 지금은 가격을 조금 더 지불하더라도 신뢰할 수 있는 '착한 기업'에게 제품을 구하려고 한다. 근래에 들어 '착하다'라는 단어의 의미가 다양해지고 있다. 본래 '착하다'라는 것은 언행이나 마음씨가 곱고 바른 것을 뜻하지만, 최근 기업과 소비의 구조에서 쓰이는 '착하다'는 의미는 올바르고 공정한 거래와 소비 형태를 통칭하는 말로 쓰인다. 착한 소비는 제품을 구매하는 소비자가 제품의 품질과 디자인뿐만 아니라 그 이면에 있는 생산자와 환경, 그리고 기업 경영 방법과 도덕성까지도 함께 생각하여 구매하는 소비 형태이다. 경제가 선진화, 고도화될수록 윤리와 도덕성은 사회 가치의 평가 기준이 되기 때문이다. 이러한 소비 형태는 물건을 생산하는 생산자에게도 영향을 미치지만, 생산자에게 원재료를 구매하여 가공, 판매하는 기업에도 엄청난 변화를 가져온다. 실제로 나이키 상표가 찍힌 축구공을 꿰매고 있는 12살 소년의 사진이 한 잡지에 실리면서 1997년 말 나이키의 매출이 급감한 사건이 있었다. 이것은 단순히 매출이 하락하여 이익이 낮아진 것보다 기업이 쌓아온 긍정적 이미지가 실추되고 신뢰성이 떨어졌다는 점에서 기업의 올바른 경영에 대한 경각심을 불러일으켜 준 사건이었다.

사회가 발달하고 문화 수준이 높아지면서 소비자들은 단순히 마음에 드는 물건을 사는데 그치는 것이 아니라, 자신이 사는 제품이 사회

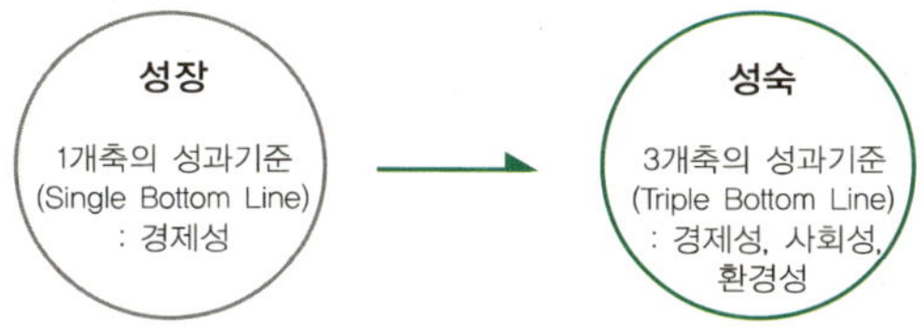

[그림 12] 주목해야 할 기업환경 II

에 공헌하고 제3세계(개발 도상 국가) 사람들에게 혜택이 돌아갈 수 있는 '착한 소비'를 하고 싶어 한다. 그도 그럴 것이 비슷한 품질의 제품을 구매했을 때 한쪽은 기업이 모든 이윤을 취하고 다른 한쪽은 기업과 제품의 원재료를 생산하는 가난한 사람들이 함께 이윤을 취한다고 한다면 소비자들의 마음은 자연스럽게 후자로 치우치게 될 것이다. 이러한 소비자들의 마음과 구매 형태는 기업을 변화시키고 도덕성으로 무장된 '착한 기업'을 탄생시킨다. 착한 기업이 기업의 의지만으로 만들어지는 것이 가장 이상적이지만, 이윤을 최우선으로 하는 기업의 특성상 '착한 소비'에 대한 소비자의 욕구가 사회 전반적으로 확대되는 것을 기회 삼아 출현되기도 한다. 그러나 착한 기업이 되면 눈앞의 이익을 보장받을 수 있다는 근시안적인 생각과 기업 경영인들의 시대착오적인 행동 때문에 착한 기업의 본연의 취지가 퇴색되기도 한다. 그러나 착한 기업이 되는 길은 그렇게 어렵지도, 힘들지도 않다. 기업도 결국은 한 사람의 인격체라고 볼 수 있기 때문에 도덕적으로 성숙한 인격체를 만들어 나간다는 생각으로 기획하고 운영해 나간다면 착한 기업은 더 빠르고 올바르게 성장할 수 있다.

착한 소비와 착한 기업은 제3세계 생산자들에게 정당한 대가를 지불하자는 '공정 무역(Fair Trade)'과 맥락을 함께 한다. 공정 무역은 제3세계 가난한 사람들과 다국적 기업 간의 노동 착취와 가난의 고리를 끊고 생산자들이 구매 기업의 이윤이 아닌 스스로 이익을 위해 자생적으로 일할 수 있도록 돕는 실용적인 방법이다. 공정 무역의 과정을 간단히 요약하면, 생산품의 가격을 유지해 매입하고 판매하여 얻은 수익금 일부를 생산자들에게 다양한 방법으로 환원시켜 주는 방식인데, 상생의 원칙이 적용된다. 또한, 이와 같은 무역의 형태는 일시적으로 가난한 사람들을 도와주는 '자선'이 아니라 그들이 지속적으로 안정되게 삶을 살아가고 더 나은 환경과 꿈을 가질 수 있게 한다는 점에서 기대되는 가치가 높다. 이미 여러 선진국과 다양한 제품들에서 공정 무역이 활성화되고 있다. 공정 무역으로 거래되는 제품 중 가장 대표적인 커피와 면은 도덕적인 마음가짐으로 이윤을 추구하려는 '착한 기업'과 '착한 소비'를 하려는 소비자에게 큰 호응을 얻으며 날로 그 규모가 커지고 있다.

상품의 질적인 차이는 생산 기술의 발달로 큰 차이가 나지 않는다. 현재 소비자들이 관심을 두고 있는 부분은 기업이 어떠한 운영 방법으로 상품을 제작했는지와 같은 기업의 목적적 가치에 관한 것이다. 실제로 비정부기구(Non-Governmental Organization: NGO)와 소비자 운동 단체들은 사회적인 책임을 외면하는 기업 제품의 불매 운동을 전개하고 있고 무책임한 경영을 하는 기업은 세계 각국 시장에서 퇴출 압력을 주는 등 올바르지 못한 기업에 대하여 각성하도록 권고하고 있다. 이것은 소비자들의 인식 수준이 변하여 상품을 구매하는 데 기업의 사회적 책임도가 서서히 중요한 결정요인으로 자리 잡고 있다는 것을 의미한다. 이러한 인식 수준의 높고 낮음은 선진국이 될 가능 여부의 기준으로도 보고 있다. 또한, 최근 들어 사회적 공헌, 기업의 사회적 책임(Corporate Social Responsibility: CSR), 사회 책임 투자(Socially Responsible Investment: SRI), 윤리 경영, 환경 경영, 투명 경영, 신뢰 경영 등의 단어들이 경제계의 화두로 떠오르고 있다. 기업들의 기부 행위가 일상화 되었고, 사회 공헌 방법이 다양화 되었으며, 문화 복지 시설 등 사회 인프라를 구축하는 데에도 적극적인 참여를 하고 있다. 전통적으로 기업은 이윤을 추구하는 집단으로 규정되어 왔으나 기업이 '사회 발전에 기여하는 주체'가 되어야 한다는 사회적 분위기가 본격적으로 조성되면서 기업이 바뀌고 있는 것이다. 즉 사회 구성원으로서 기업의 이익뿐만 아니라 활동하고 있는 사회의 발전에도 이바지할 수 있는 방향으로 기업 운영이 이루어져야 한다는 것이다.

이러한 사회의 큰 변화는 지속 가능한 발전(Sustainable Development)이라는 개념부터 출발했다고 볼 수 있다. 지속 가능한 발전이라는 개념은 1972년 유엔 인간 환경회의(UNCHE)에서 최초로 언급되어 1992년 '리우 선언' 및 '의제 21'에서 채택하였고 유엔에 지속가능발전위원회가 설치되면서부터 확산되기 시작하였다. 이는, 현 세대의 개발 욕구를 충족시키면서도 미래 세대의 개발 능력을 저해하지 않는 '환경 친화적 개발'을 의미하는 것으로 사회 전 분야에서 각종 개발에 앞서 환경 친화성을 먼저 평가해 정책에 반영함으로써 미래 세대가 제대로 보전된 환경 속에서 적절한 개발을 할 수 있도록 하는 것에 의미를 두고 있다. 이는 인류가 편리함을 추구하여 대량 생산, 대량 소비, 대량 폐기를 하는 사회 경제 활동 및 생활양식을 확대한 부정적인 결과로, 모든 자원의 원천인 자연환경이 파괴되어 인류 문명이 시작된 이래 처음으로 자신이 향유했던 시대보다 더 나은 환경과 경제 활동 기회를 후손에게 물려주지 못한 세대로 기록될 위기에 처해 있기 때문이다. 다시 말해 인류는 이러한 문제를 해결하기 위한 대책으로 지속 가능한 발전이라는 개념을 제시하고 소비 수요 활동의 근본적인 변화를 일으키기 위한 요소로 정책 방향을 모색하고 있다. 따라서 지속 가능한 발전의 환경 친화적 가치관은 과거의 황폐해지고 사회적으로 무뎌진 책임 의식에 경각심을 불러일으킬 수 있는 대표적인 상징으로 떠오르며, 1980년대에 걸쳐 선진국들의 중산 계급 사이에서 폭넓게 확산해 가고 점차 중요한 위치를 차지하게 되었다.

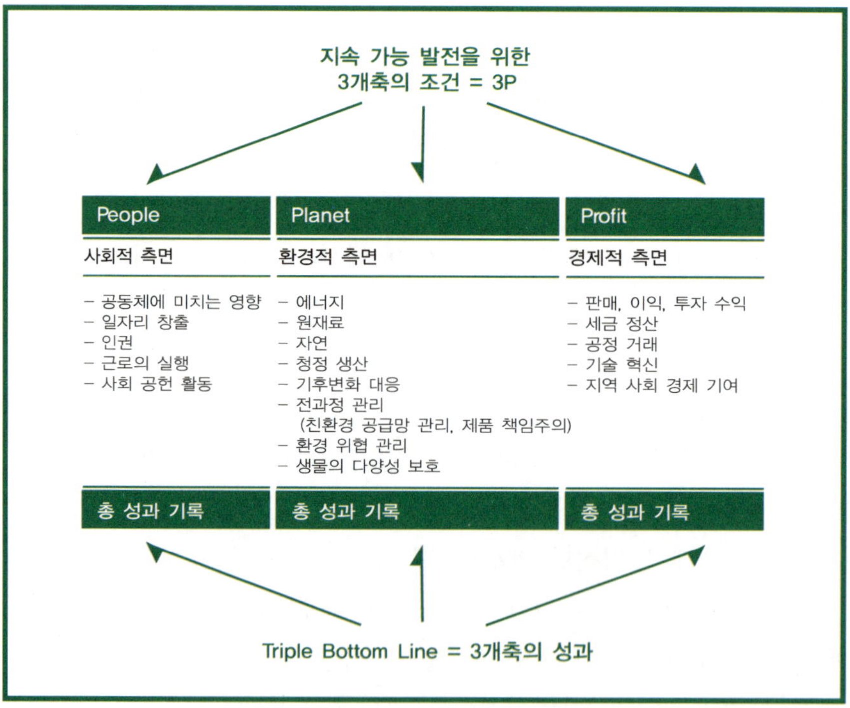

[그림 13] 지속가능성(Sustainability)의 개념

물론 지속 가능한 발전의 실천은 개인, 기업, 국가 및 전 지구적 협력과 같은 크고 작은 단위의 모든 분야의 참여가 요구된다. 하지만 그 중에서도 지난 세기의 발전 주도자이자 공공 부문에 막대한 영향력을 행사한 기업들의 참여도가 가장 크게 대두되었다. 환경을 생각하지 않는 기업은 자원고갈, 자연환경 파괴라는 막대한 사회적 손실을 남긴다. 또한, 기업에서 창출되는 일자리로 인하여 지역 경제의 경제력이 좌우되기도 하고 한 기업의 파산은 나라의 경제를 휘청거리게 하기도 한다. 이처럼 기업이 개인, 사회, 국가의 사회·경제 부문에 막대한 영향을 끼치게 되자 사람의 기업에 대한 기대 수준까지 변화하게 된 것이다. 따라서 기업의 지속 가능한 발전의 개념은 기존에 훼손된 환경을 복구하는 친환경적 발전뿐만이 아니라 기업의 확대된 이해관계자들과 기업이 활동하는 지역 사회에 미치는 전반적인 영향력까지 책임을 진다는 도덕적인 개념으로 이해되고 있다. 정직과 신뢰성으로 인해 얻은 기업 명성은 기업의 지속 가능한 성장의 원천이 되고 있다. 기업의 투명성과 윤리성을 바탕으로 한 지속 경영은 현대 사회에서 기업의 생존과 번영을 위한 필수요건으로 떠오르고 있다.

지속 가능 경영의 가장 핵심적이고 차별화된 점이 이해관계자와의 공존을 위한 활동이라고 할 수 있다. 따라서 이해관계자가 누구인지 분류하여 그들의 관심사가 무엇인지 파악해야 한다. 이때 기업의 모든 경영 활동에서 기업 이해관계자에게 미치는 영향을 정의하고 우선순위를 매기며, 이에 대한 긍정적인 영향뿐만 아니라 부정적인 영향을 모두 고려해야 한다. 주요 이해관계자와 관심 이슈가 선정되면 이해관계자와의 소통을 진행하고 그 결과를 지속 경영 보고서(Sustainability Report)에 삽입한다. 이러한 보고 활동은 점차 법제화되어가고 있으며 기업의 상태를 알리는 중요한 기업 커뮤니케이션 수단

구분	평가 기준
환경 경영 및 윤리 경영 체제	환경 경영 체제 구축 기업 사회 책임 및 윤리 경영 체제 구축 비윤리적 산업 및 관행 배제
경영과 관련된 정보 공개	재무제표 공개 생산 활동과 관련된 자료 공개 시민, 소비자, 지역 사회에 대한 피해 자료 공개
인권 보호	인종, 성별, 출신 등에 의한 차별 금지 인권과 관련된 자유와 권리 보호 양성 고용 평등 및 사회적 약자 보호
노동권 보호	강제 노동 및 아동 노동의 배제 산업 보건 및 안전 관리 노동 기본권 보호
소비자 보호	안전성, 환경성을 고려한 제품 생산 및 판매 소비자의 권익 보호 및 허위, 과장 광고 배제
환경 보호	생산, 유통, 소비 과정 상의 환경 오염 물질 관리 환경 성과 평가 및 전 과정 평가 기법 도입 및 운용 환경 보고서 및 지속 가능 경영 보고서 발간
에너지 및 자원 절약	에너지 효율 향상 노력 및 관리 수준 자원의 재활용 수준 기후 변화 대응 및 신 재생 에너지 관련 전략
뇌물 및 부패 방지	뇌물 수수 등 부패 방지 체제 구축 분식 회계 금지 등 기업 투명성 제고 불법 정치 자금 제공 등 정경 유착 금지
공정 경쟁	기업 지배 구조 개선 가격 고정 및 담합 등 부당 행위 금지 부당 내부 거래 및 불공정 하도급 금지
납세 및 사회공헌	납세 의무 준수 연구 개발 확대 등 과학 기술 발전에의 기여 이익의 사회 환원과 사회적 책임 실천

〈표 5〉 지속 경영 평가 가이드라인 (조동성과 산업정책연구원, [지속경영본부], 2007, p.113)

으로 사용되고 있다. 지속가능경영은 내부적으로 지속 가능한 발전을 기업 문화화 함으로써 기업의 장기적 경쟁력을 도모하고, 외부적으로 지속 경영성과를 이해관계자들과 커뮤니케이션함으로써 지속적으로 내·외부 이해관계자들에게 신뢰감을 주고 사랑받는 건실한 기업으로 성장하는 데 있다. 이해관계자들의 신뢰와 지지를 받으면 기업의 긍정적 이미지는 높아질 것이며 명성을 획득함으로써 명성이 있는 기업은 우수 인력 확보 및 보유가 쉬워지고 신뢰감을 주게 되어 브랜드 이미지와 고객 충성도가 향상하는 등의 가시적인 기업의 성과로 이어진다.

기업과 사회의 관계가 단순한 이윤 추구만을 목적으로 하는 이익관계가 아니라 기업이 다양한 이해관계자들로부터 신뢰를 얻어 사회발전에도 기여를 할 수 있는 상호 보완적 관계로 바뀌고 있다. 기업에서 수행하는 사회적 책임은 단순한 기업 이미지 제고의 문제를 넘어 가치 제고의 문제이다. 가치를 중시하는 현대인들의 선택을 받으려면 지속 가능 경영은 점차 선택이 아닌 필수가 될 전망이다. 또한, 현재 국제 사회는 기업의 사회적 책임을 규제하려는 움직임이 최고조에 이르고 있으며 이에 따라 사회적 책임이 기업의 생존과 직결되는 상황이 점점 빨리 다가오고 있다. 이제 21세기에서는 기업의 경영자들이 환경을 개선해 나가는 동시에 사회의 기대에 부응하고, 자신의 이익을 극대화할 수 있는 세 가지 목적을 조화롭게 추구해야 하는 과제를 안게 되었다. 이것은 자본주의의 모순을 수정 보완하여 보다 나은 사회 체제를 만들어 가기 위한 인간의 노력으로 기업의 역할이 증대됨에 따라 지속가능경영이 새로운 기업가정신(Entrepreneurship)으로 떠오르고 있다.

• 공존하는 사회를 존중하는 사회 구성원

개인들의 생활양식이 점차 다양화되어 가는 반면, 기업과 개인들의 관계는 더욱더 밀착되어 간다. 개인과 개인에서, 개인과 기업의 관계로 점차 이어지면서 기업을 통해 자신의 정체성을 찾으려 하는 사람들이 늘어나고 있다. 기업은 사람들의 다양한 생활양식을 만들 수 있는 상품을 제공할 뿐만 아니라 사람들이 활동하는 생활 터전이기도 하기 때문에 기업에 대한 사람들의 기대는 날로 높아져 가고 있다. 위에서 설명한 '개인의 다양화와 공존하는 사회를 존중하는 사회구성원'이라는 기업 환경의 큰 흐름은 결국 21세기를 살아가는 사람들의 정체성에 관한 이야기다. 개인으로서의 이질성과 사회 구성원으로서의 동질성은 상반되는 개념이기는 하나 개인과 사회는 서로 별개의 또는 대립적인 존재가 아니라 공존하고 있음을 보여 준다. 개인 없이 사회는 없으며, 사회 없이 개인도 없기 때문이다.

개인들은 자신이 세상의 단 하나뿐인 독특한 사람이라는 것과 동시에 다른 사람들과 더불어 사는 지구촌 사람이라는 것을 인식하면서 자신의 정체성을 찾아 나가고 있다. 여기에서 핵심 단어는 '동시'다. 오늘날의 기업은 개인이나 사회 어느 쪽도 치우친 대안이 아닌 두 가지 모두를 충족시킬 수 있는 '이상적인 대안'을 내놓아야 한다. 즉, 개인적 가치와 사회적 가치가 조합된 혁신을 이끌 수 있는 기업이 성공할 수 있는 시대가 된 것이다. 이와 같은 혁신을 추구하기 위한 해법으로 공예, 디자인, 예술, 그리고 경영의 융합적 사고를 바탕으로 한 공예 디자인 경영을 경영 방법론으로 제시하려고 한다.

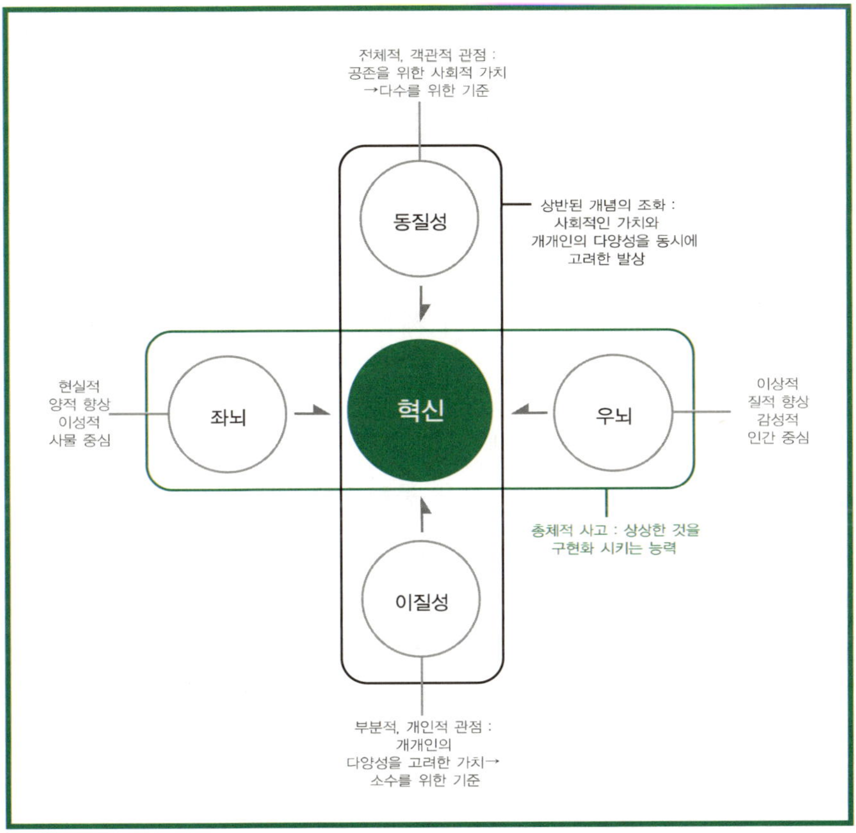

[그림 14] 개인의 가치와 사회적 가치 조합을 위한 혁신 프레임워크

2) 하이컨셉 시대와 공예

신흥국가의 저원가 기업들이 기술의 범용화 혜택을 활용하여 원가 절감에 우위를 선점하면서 기술 혁신, 비용절감 등은 더 이상 기업경쟁력의 핵심요소로서 의미가 쇠퇴되고 있다. 개개인의 가치를 중요시하는 현대인의 라이프 스타일이 변화함에 따라 예측할 수 없을 정도로 급속하게 다변화되고 있다. 기업간 경쟁은 격화되고 기술의 범용화 및 기업간 경쟁 심화로 인해 기존 산업은 점차 포화상태가 되었고 산업성장이 둔화되어 세계는 저성장 경제가 되고 있다. 뿐만 아리나 소비자 니즈는 다양해지고 기업에 대한 기대수준이 높아짐에 따라 소비자들은 융합제품 및 서비스를 통해 편의, 즐거움, 기능, 건강보조 등이 복합적으로 제공되기를 기대하고 있다. 즉 재화생산경제에서 서비스생산경제로 변화하고 있다. 따라서 제품가치 중심에서 고객의 가치 중심으로 새로운 가치를 창조해야 한다.

이러한 기업외부환경의 변화에 따라 트렌드와 기회를 감지하는 능력, 무관해 보이는 아이디어의 결합을 통해 남들이 전혀 생각 하지 못하는 새로운 아이디어를 창조하는 역량, 예술적이고 감성적인 아름다움을 창조하는 능력 등을 종합으로 지칭하는 '하이컨셉(High Concept)' 이라는 개념이 향후 미래를 주도할 새로운 기업형태로 거론되고 있다.

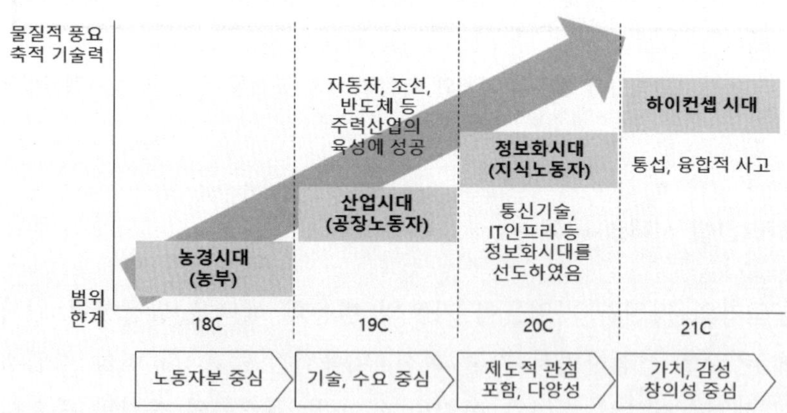

[그림 15] 산업환경의 변화
김준동 외 8명 산업융합 100대 사례집 지식경제부/한국생산기술연구원. 2011. p10

이에 따라 사회 전반 산업 패러다임은 [그림 15]와 같이 하이컨셉 시대로 변화하고 있다.

이러한 하이컨셉 시대 환경에 대처하기 위하여 공예의 본질적 의미에 부합하는 기본적인 속성에 시대적 요구사항에 맞게 해석하는 태도를 디자인에서 배우게 되면서 자연스럽게 생겨난 것이 바로 산업공예이다. 산업공예는 전통적 요소 이외도 현대적인 디자인 요소가 가미된 창작적인 요소의 개발. 자연적인 소재뿐만 아니라 기술 발달과 국제간 교류에서 발굴되는 다양한 소재를 이용하고 있다. 또한, 수작업에 의존한 수공예 생산뿐만 아니라 기술 발달과 더불어 일부 작업에 기계 생산을 병행하여 희귀하면서 대중성 있는 상품을 만들고 있다. 이것은 산업공예가 소비자 개개인의 가치가 다양해지고 가치의 기준에 대한 수준도 높아짐에 따라서 시장과 문명의 급격한 변화에 기동적이고 유연하게 대응할 수 있는 다품종 소량 생산 체제, 즉 다양한 상품을 최적 수요에 맞게 생산하는 변종 적량, 유연 생산(Flexible Production) 산업 체제로 변화하고 있는 기업환경을 충족시켜 주고 있음을 보여준다.[6] 게다가 산업공예는 기계생산방식에 수공성이 가미시켜 인간적 정서와 정교함을 고스란히 간직한 채 소비자 욕구의 다양화를 충족시켜 주고 있다. 또한, 산업공예는 다른 장르의 예술 및 산업분야와 달리 예술적, 문화적, 산업적 특징을 갖는 복합적 성격을 지니고 있다. 산업공예는 재료를 다루는 기술과 기법을 가지고 창의적 아이디어를 구체화하는 지적 활동과 '손으로 무엇인가를 만들어 낸다.' 라는 인간으로서의 본질적 특징을 충족시키는 근본적인 분야이기 때문이다.

6) 김종선. 지속가능한 혁신을 하려면 꼭 필요한 디자인 경영. 태학원. 2011. p.57

3) 융합 환경의 패러다임적 진화

• 통섭과 융합

하이컨셉 시대로 산업의 환경이 변화하면서 기업은 통섭과 융합을 전략을 통해 신규사업 기회를 창출하고 새로운 성장동력을 확보하는 시도를 하고 있다. 융합의 사전적 의미는 화할 융, 더할 합, 즉 2가지 이상의 재료가 녹아서 하나가 된다는 뜻이다. 또한 원효대사의 원융무애 사상에서 '융'은 모든 것이 서로 분리·대립된 관계가 아닌 한 차원 위에서 서로 통할 수 있는 것으로 본다는 뜻을 지니고 있다.[7] 즉 융합의 의미는 분리되어 있던 두 개 이상의 요소들이 동일한 방향으로 움직이거나 하나의 요소로 수렴되는 현상으로써 개념 자체가 너무 광범위하기 때문에 주체에 따라서 그 개념을 정의하여 다양한 의미와 용도로 활용되고 있다. 2000년 이전에는 융합의 의미가 기존에 통용되던 기능과 기능이 단순히 복합화 되는 의미로 주로 사용되었고, 2000년 이후에는 IT·BT·NT·GT 등 새로운 기술들이 등장하게 되면서 융합은 주로 기술적 측면의 결합 의미로 활용되었다. 그러나 2008년 이후부터는 융합의 의미가 기술의 변화와 시대환경에 맞춰 변화하면서 융합의 범위가 기술·제품·산업·시장·학문 등 모든 영역에 걸쳐 다양하게 확산되고 있다.

융합의 동력이자 근원적 사고는 '통섭'이라는 개념에서 시작된다고 하겠다. 에드워드 윌슨(Edward Wilson)은 학문의 미래를 설명하기 위해 19세기 윌리엄 휴얼(William Whewell, 1794-1866)이 만든 중요한 개념인 '귀납적 과학철학(The Philosophy of the Inductive Sciences,

---

7) 김덕현 외 9명. 융합경영. 글로세움. 2011. p17

1840)'에서 처음 사용한 'Consilience'라는 용어의 개념을 부활시켰다. 이 용어는 '더불어 넘나듦', 서로 다른 현상들로부터 도출되는 귀납들이 서로 일치하거나 정연한 일관성을 보이는 상태'를 의미한다.[8] 최재천(2005)은 'Consilience' 라는 생소하고 어려운 단어를 '통섭'으로 번역하고, 그 뜻은 '사물에 널리 통하는 원리로 학문의 큰 줄기를 잡는 것'이라고 정의하였다. 즉 통섭의 소제목처럼 학문간의 경계를 뛰어넘어 학문의 대통합을 이루어야 함을 역설하고 있다. 즉 통섭은 세분화 된 학문과 지식의 경계를 낮추고 상호 연계된 접근을 통해 학문 자체가 발전을 도모하고 지식이 그 본래 목적인 인간 생활의 수준 향상에 기여하는 것이다.

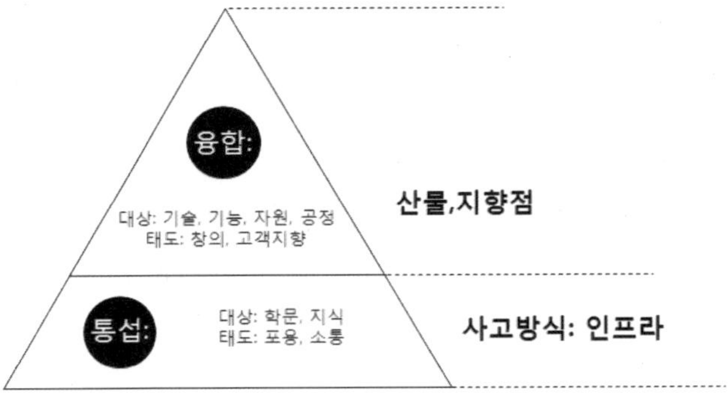

[그림 16] 통섭과 융합의 관계

출처: 김덕현. 세종사이버대학교 융합경영학과 교제. 2010 저자 재구성

[그림 16]과 같이 융합의 인프라 역할을 하는 동력이자 근원적 사고를 '통섭' 이라고 한다면 통섭적 사고의 산물이자 지향점을 '융합' 이라고 볼 수 있다. 학문, 지식에 대한 통섭적 사고는 연구자들이 대

8) 에드워드 윌슨. 통섭(지식의 대통합). 사이언스북스. 2005

화와 협력을 통해 이론과 개념, 방법론 등을 서로 교류하여 새로운 지식을 창출하여 복잡 다양한 문제를 해결해 가는 융합의 산물을 만들어내는 기초가 되기 때문이다.

• 융합 환경의 패러다임적 진화과정

세계적인 사회학자 겸 미래학자인 다니엘 벨(Daniel Bell, 1973)은 사회를 특성에 따라 전산업사회(Pre-Industrial Society), 산업사회(Industrial Society), 그리고 탈산업사회(Post-Society)로 구분하며 후기 산업사회의 용어와 개념을 대중화시켰다. 거시적인 관점에서 볼 때, 콩트(A. Comte) 이래로 사회학의 초점은 '사회구조'와 '사회변동'의 문제를 해명하는 데 맞추어져 왔다고 할 수 있다. "사회학적 문제는 변동의 특성, 그리고 가능하다면 그 궤적-즉 변동을 불러일으키는 힘과 그것에 저항하는 힘, 변동을 강화하는 요소와 해체하는 요소들을 규명하는 것이다."[9] 탈산업사회는 산업사회 이후부터 지금까지의 사회를 통칭하는 것으로 산업사회 이후 생겨난 정보사회, 지식사회, 네트워크 사회 등과 같은 새로운 문명의 패러다임을 모두 포괄하고 있는 광범위한 시대적 개념이다.

<표 6>은 이러한 개념을 분석하기 위한 목적으로 만든 도식적인 표로써 이 세 가지 유형의 사회가 각 차원에 따라 근본적으로 얼마나 다른지를 보여주고 있으며 탈산업사회의 핵심적인 구성요소들에 대한 구체적인 양상과 전망을 볼 수 있다. 경제 부문을 살펴보면 재화생산 경제에서 서비스 경제로 변화하고 있음을 볼 수 있다. 직업분포 부문에서는 전문, 기술직 계급이 부상하는 한편 기축원리 부문에서는 혁

---

9) 다니엘 벨. 탈산업. 감원동, 박형신 역. 아카넷. 1999. p866

신과 사회정책 수립의 원천으로서의 이론적 지식의 중요성이 강조 되고 있다. 뼈대 부분의 탈산업화 사회의 "인간 간의 게임"은 전문서비스와 인간서비스로 대표되는 지식과 정보를 생산하고 서비스가 증가하는 사회를 말한다. 전산업사회와 산업사회에는 자연과 경쟁 했던데 반해 탈산업사회는 사람들과의 경쟁이라는 것이 탈산업사회의 특징이라고 볼 수 있다.

구분	전산업사회	산업사회	탈산업사회
지역	아시아, 아프리카, 라틴아메리카	서유럽, 소련, 일본	미국
경제부문	제1차 채취산업 (농업, 광업, 어업, 임업)	제2차 재화생산 (제조업, 가공업)	제3차(운송, 공공설비) 제4차(무역, 금융, 보험, 부동산) 제5차(보건, 교육, 조사연구, 정부, 레크레이션)
주요직업	농부, 광부, 어부, 미숙련노동자	반숙련노동자, 엔지니어	전문직, 기술직, 과학자
기술	원료	에너지	정보
뼈대	자연과의 게임	가공된 자연과의 게임	인간 간의 게임
방법론	상식, 경험	경험주의, 실험	추상적 이론(모델, 시뮬레이션, 의사결정이론, 체계분석)
시간전망	과거지향, 특별한 반응	특별한 적응, 투사	미래지향, 예측
기축원리	전통주의(토지, 자원의 한계)	경제성장(투자경절에 대한 국가적 또는 사적통제)	이론적 지식의 중심성과 부호화

〈표 6〉 사회변동의 일반도식

출처: 다니엘 벨. 탈산업사회의 도래. 감원동, 박형신 역. 아카넷. 1999. 311p

김문조, 김남옥(2011)은 과정적 문명론의 접근으로 사회 전 부문에 걸친 패러다임으로 등장 융합 시대의 특성과 의의를 고찰하였다. 인류 역사를 초거시적 시각에서 되돌아보면, 미분화 상태에 놓여있던 현상·활동·관념들이 분화나 전문화 과정을 거쳐 날로 작게 나뉘어져 온 '분화의 시대'로 일괄할 수 있다고 하였다. 그러나 최근에는 지난날 세계의 변화를 주도해온 분화적 원심력이 융합적 구심력으로 대체되는 반전의 조짐이 나타나고 있다고 하였다.[10] 이 연구에서는 융합시대가 도래되기까지의 진화과정을 [그림 17]과 같이 인류의 문명사를 미분화 문명단계(농업문명), 분화 문명단계(산업문명) 및 탈(脫)분화 문명단계(융합문명)로 구분하여 설명하였다. 그리고 복잡성 정도가 임계점을 넘어섰다고 판단되는 융합문명기의 특성과 의의를 행위자연결망이론(Actor-Network Theory)의 통찰에 의거해 고찰하였다.

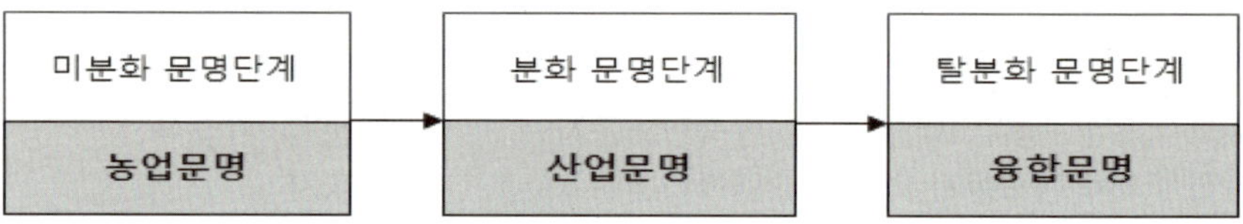

[그림 17] 문명의 진화 단계

농업문명시대는 새로운 문명이 탄생된 단계로 대다수의 사람들이 가정과 경작지를 오가며 농사라는 동질적 작업을 수행했기 때문에 분화되지 않은 '미분화 문명단계'라고 하였다. 산업문명시대는 효율성과 합리성을 강조하는 근대사상과 새로운 동력원을 근간으로 하는 산업혁명이 상호작용하여 분업화가 강조된 '분화 문명단계'라고 하였다. 이 문명기에는 '분업화' 라는 공업 생산체제로 새로운 문명을 건설하는데 강력한 동인이 되었고, 자본주의의 발달과 과학기술혁명에 의해

10) 김문조, 김남옥. 융합시대의 문명론적 진단. 한국사회학. 제45집 5호. pp1~24. 2011

지속적으로 보강된 후, 테일러리즘 및 포디즘을 계기로 절정에 달하게 되었다. 그러나 확정된 인과율, 과학기술의 도구적 사용, 정확히 계산되고 측정되는 물질세계, 예측 가능한 미래, 확실한 경계구분 등을 특징으로 하던 산업문명 양식은 개방성 및 그에 동반한 복잡성·부정형성·비예측성·돌발성·우연성 등을 속성으로 하는 대안적 문명 양식으로 대체되었다. 따라서 오늘날의 문명양식으로 지식의 통섭, 분할된 부문들 간의 경계파괴 등을 특징으로 하는 '탈문화 문명단계'의 융합 문명이 대두되게 되었다. 후기 산업사회의 변화 양상은 산업사회

구 분	산업사회	탈산업사회
시대 구분	산업시대	지식, 정보화 시대
발생 요인	기계, 전기, 화학기술 혁신	전자, 정보기술 혁신
생 산	양 중시: 규격화된 대량생산, 대량소비	질 중시: 다품종 소량의 주문생상
업무 방식	분업	협업
경영 중심	생산자, 효율성(생산성 중시)	소비자, 효과성(가치 중시)
노 동	장시간 노동, 숙련노동, 육체 노동자 중심	과학적 지식, 지식 노동자 중심
경제 활동	실제 공간(토지, 건물, 공장)	가상 공간(통신 네트워크), 재택근무, 원격교육, 의료, 금융
생활 문화	규격화된 생활, 획일화된 문화, 물리적 생활수준 향상 추구	탈규격화, 다양화, 탈획일화, 정신적 욕구의 충족 추구
주도 산업	제조업: 철강, 자동차, 석유화학 등 하드산업	서비스업: 소프트웨어, 유통, 미디어, 레저 등 소프트산업
성공 요인	**전문화**	**융합화**

〈표 7〉 산업사회와 탈산업사회의 비교표

출처: 조동성. 디자인이론 디자인 경영 경영디자인. 서울경제경영. 2012. p102. 저자 추가구성

와 대비하여 <표 7>과 같이 요약할 수 있다. 산업사회에는 분화, 분업, 전문화를 바탕으로 각 분야간 기술의 벽을 쌓으면서 진행됐다면, 탈산업사회에 들어와서는 각 분야간 기술의 벽을 허문 협업, 융합화가 탈산업화사회 환경과 미래 변화할 환경에서의 성공요인이 되고 있다.

이상과 같은 탈산업화시대의 패러다임은 결국 산업융합(Industry Convergence) 측면에서 이해, 접근하는 것이 바람직하다. 새로운 혁신 수단으로서의 융합에 대한 논의와 투자는 초기에는 기술(공급)이 그 대상이었지만, 이제 그 무게중심은 <표 8>과 같이 점차 시장(수요)으로 옮겨가고 있다. 기업 입장에서 기술은 그 자체가 목적이 될 수 없고, 재화로 구현되어 시장을 통해 수익으로 돌아올 때 비로소 그 가치가 인정되는 수단이기 때문이다.

구 분	기술 중심의 융합	시장 중심의 융합
융합 유형	디지털 컨버전스, IT융합, NBIC융합	제품 융합, 서비스 융합, 산업융합
장점	신기술 창출에 유리	고객 니즈 반영에 유리
단점	▪ 시장/고객 니즈와 괴리될 가능성 ▪ R&D의 성과가 상대적으로 낮음	▪ 단기/즉흥적 시장 대응으로 인한 핵심기술 확보 지연, 기술료 증가
정책/전략적 고려사항 (예)	▪ 기술개발 과제 선정 시, 타당성과 시장성 등에 대한 충분한 검토 ▪ 새로운 비즈니스 모델을 창출할 수 있는 기술을 우선적으로 개발 추진	▪ 산업발전 로드맵과 기술개발 로드맵의 연계를 통해 ▪ 핵심기술의 중장기 확보와 고객/시장에 대한 단기 대응의 균형 유지

〈표 8〉 기술 중심 융합과 시장 중심 융합의 비교

출처: 김덕현. 산업간 융합 패러다임과 기업의 활용전략. 성장협연구. p63. 2010

융합은 기술에서 시작되었지만, 개발된 융합기술 자체의 유의성은 결국 시장에서 소비자들이 선택, 사용하는 제품·서비스의 가치로 판정된다. 기술개발의 목적은 신기술을 만들어 내는데 있는 것이 아니라 궁극적으로 인간에게 유용한 재화를 제공하는 점에 있다는 것이다. 따라서 기업 입장에서는 융합기술에 대한 R&D와 더불어 그 결과가 시장에서 성공할 수 있도록 하기 위한 융합 비즈니스의 전략 수립과 실행에도 적극 투자해야 할 것이다.

융합산업은 융합기술의 발전과 사회적 수용이라는 기초 위에서 의식주 수준 향상, 자아실현, 인류공영에 기여 등과 같은 소비자들의 욕구에 부응하는 방향으로 진전될 것이라는 점이다. 성공적인 융합은 21세기 우리가 사는 사회의 복잡한 문제들을 해결할 수 있는 방법일 뿐만 아니라, 우리가 지향하는 세상의 바람직한 작동원리이기도 한 것이다. 이러한 점에서 융합은 지식과 기술의 기능적인 통합을 넘어서 우리에게 새로운 가치를 요구하고 있다.

• 융합의 범위와 유형

지식, 정보화 시대에 통섭, 즉 학문과 지식융합은 현재 진행 중인 융합(Convergence)의 흐름을 바꾸고 있다. 본고에서는 학문과 지식의 융합을 통섭(Consilience)으로 간주하고 이것이 융합의 산물의 동력으로 개념화하였다. 학문과 지식의 융합으로 말미암아 현재 진행 중인 융합의 흐름은 기술 중심의 융합 개념에서 시장 중심의 융합과 단계, 즉 제품·서비스 융합, 산업융합 단계로 발달되었다. 그 동안 등장한 여러 가지 융합 패러다임 중 디지털 컨버전스, NBIC 융합, IT융합 등은 여전히 기술 중심의 융합이며, 제품융합, 서비스융합, 산업융합 등은 시장 중심의 융합이라 할 수 있다. 즉 융합은 [그림 18]과 같이 크게 투입요소의 측면인 기술 중심의 융합과 산출결과물 중심인 시장중심의 두 가지 융합유형으로 관찰된다.

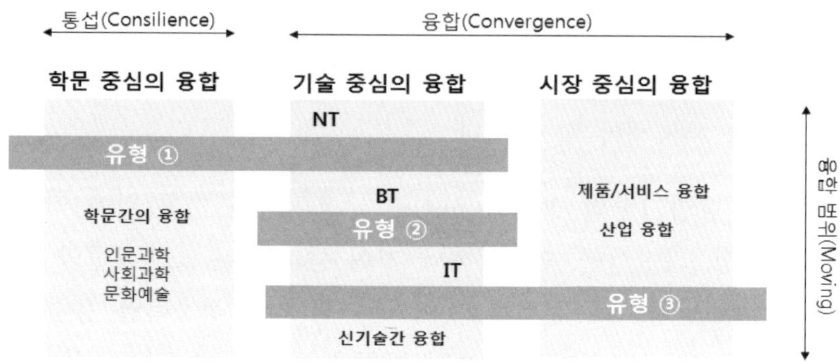

유형①: 신기술과 기존 학문간의 융합
예시) 융합형 콘텐츠 및 지식 서비스 기술, 뇌· 인지과학 연구
유형②: 신기술 간의 융합
예시) 나노바이오 소재, IT나노소자 기술
유형③: 신기술과 기존 제품/서비스, 산업과의 융합
예시) 지능형 자동차 기술, 미래 첨단 도시 건설기술

[그림 18] 융합의 범위와 유형
출처: 이인식 외39명. 기술의 대융합. 고즈윈. 2010. p40 저자 일부수정

서로 독립적인 체계에서 발전해온 기술들이 동일한 목적 수행을 위해 협업하는 과정에서 기술의 융합이 이루어진다. 과학기술정책연구원(2010)에 따르면 융합기술은 미래의 자본으로서 그 중요성을 높게 평가 받고 있으며 미래사회의 니즈를 충족시킬 수 있는 실현 시기를 2015년, 미래사회 발전에 기여할 시기는 다수가 2020년으로 전망하고 있다. 이에 따라서 최근 대부분의 나라가 융합기술을 위한 정책을 내놓고 있다. 미국은 NT, BT, IT, CS의 4가지 첨단기술 간에 이루어지

는 상승적 결합으로 융합기술을 정의하였으며 미국과학재단(NSF) 주도의 'NBIC 융합기술 전략'을 중심으로 착수하여 연방정부 연구개발 투자계획에서 연간 1,300억 달러를 투입하고 융합기술 관련 예산을 중점적으로 편성하고 있다.

과학기술정책연구원의 융합기술의 미래전망 전문가 설문조사(2010)에서는 기술 중심의 융합이 필요한 이유에 대한 질문에 52.9%가 '한 기술 영역에서 해결하지 못한 문제를 다른 기술을 도입하여 해결하기 위해'라고 응답하였다. 그밖에 '급변하는 기술·산업 환경에 대응하기 위해'라는 응답은 17.6%, '기술외적인 영역의 수요에 대응하기 위해'라는 응답이 15.7%, '새로운 사업기회(Business Opportunity) 창출을 위해'라는 응답이 13.7%로 나타났다. 이 연구결과는 기술 중심의 융합은 융합의 근본적인 목적이 기술의 진화에 초점이 맞춰져 있음을 나타내고 있다. 또한 융합기술의 활성화를 위해 정부가 지원해야 할 학제적

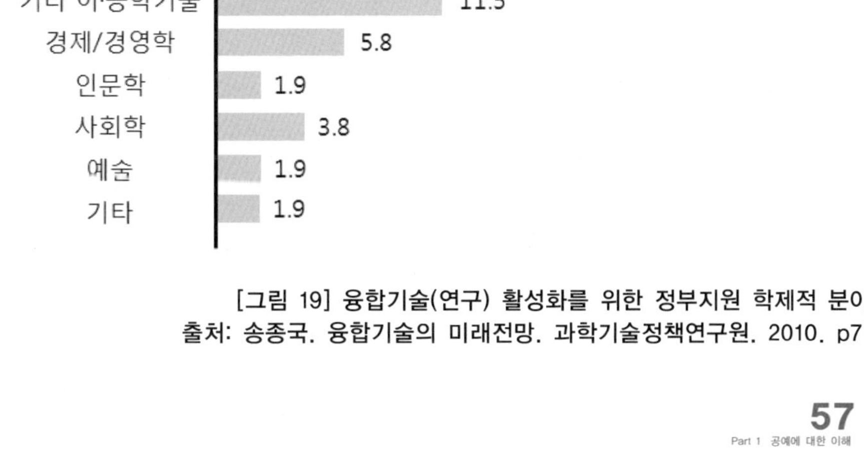

[그림 19] 융합기술(연구) 활성화를 위한 정부지원 학제적 분야
출처: 송종국. 융합기술의 미래전망. 과학기술정책연구원. 2010. p7

분야는 [그림 19]와 같이 'IT(정보통신기술)'이 28.8%로 매우 중요하게 나타났고, 'BT(생명공학기술)'가 25.0%, 'NT(나노기술)'가 11.5% 등으로 나타났다.[11)]

이러한 설문 결과는 경영/경제학, 인문학, 사회학, 예술분야에서도 기술의 개념적 범위를 광범위하게 확장시켜 한 기술 영역에서 해결하지 못한 문제를 다른 기술을 도입하여 해결하도록 하는 기술 중심적 융합에 대한 연구가 요구됨을 보여준다.

또한 시장 중심의 융합은 단일 산업의 한계를 뛰어넘어 기존에 존재하지 않았던 새로운 제품과 서비스를 제공함으로써 새로운 부가가치를 창출하는데 기여하고 있다. 특히 성장이 둔화된 전통 산업에 새로운 활력을 불어넣어 고용 창출 및 소득 증가에 기여하고 있다. 본고에서는 시장 중심의 융합을 융합의 범위에 따라 제품·서비스 융합과 산업 융합 측면으로 구분하였다.

- 제품·서비스 융합: 제품·서비스 융합은 기술 융합을 바탕으로 과거에 존재하지 않았던 새로운 제품 및 서비스가 출시됨을 말한다.

- 산업 융합: 산업융합은 일반적으로 하나의 재화를 생산-판매하기 위해 여러 산업이 하나로 합쳐진 것, 또는 기존 산업간 경계가 낮아지거나 없어진 현상 등으로 인식되고 있다. 산업융합은 기존의 산업 간 경계를 뛰어넘는 융합 제품 및 서비스가 빠르게 성장하는 과정에서 생겨나거나, 기존 산업부문으로 설명할 수 없는 새로운 제품 및 서비스를 도출해 내기도 한다. 그리고 부가가치가 낮은 산업부분도 다른 산업과 융합되어 더 높은 이익실현을

---

11) 송종국. 융합기술의 미래전망. 과학기술정책연구원. 2010

가능하게 한다. 따라서 산업융합은 제품·서비스의 융합과는 범위의 차원이 다르게 개별 기업을 넘어선 산업 전체의 혁신 프로세스라 할 수 있다.

이상과 같은 여러 가지 융합 패러다임은 결국 산업융합 (Industry Convergence) 측면에서 이해, 접근하는 것이 바람직하다. 새로운 혁신 수단으로서의 융합에 대한 논의와 투자는 초기에는 기술(공급)이 그 대상이었지만, 이제 그 무게중심은 점차 시장(수요)으로 옮겨가고 있다.

기업 입장에서 기술은 그 자체가 목적이 될 수 없고, 재화로 구현되어 시장을 통해 수익으로 돌아올 때 비로소 그 가치가 인정되는 수단이기 때문이다.

구 분	기술 중심의 융합	시장 중심의 융합
융합 유형	디지털 컨버전스, IT융합, NBIC융합	제품 융합, 서비스 융합, 산업융합
장점	신기술 창출에 유리	고객 니즈 반영에 유리
단점	▪ 시장/고객 니즈와 괴리될 가능성 ▪ R&D의 성과가 상대적으로 낮음	▪ 단기/즉흥적 시장 대응으로 인한 핵심기술 확보 지연, 기술료 증가
정책/전략적 고려사항 (예)	▪ 기술개발 과제 선정 시, 타당성과 시장성 등에 대한 충분한 검토 ▪ 새로운 비즈니스 모델을 창출할 수 있는 기술을 우선적으로 개발 추진	▪ 산업발전 로드맵과 기술개발 로드맵의 연계를 통해 ▪ 핵심기술의 중장기 확보와 고객/시장에 대한 단기 대응의 균형 유지

〈표 9〉 기술 중심 융합과 시장 중심 융합의 비교

출처: 김덕현. 산업간 융합 패러다임과 기업의 활용전략. 성장협연구. 제62호. p63. 2010

융합은 기술에서 시작되었지만, 개발된 융합기술 자체의 유의성은 결국 시장에서 소비자들이 선택, 사용하는 제품·서비스의 가치로 판정된다. 기술개발의 목적은 신기술을 만들어 내는데 있는 것이 아니라 궁극적으로 인간에게 유용한 재화를 제공하는 점에 있다는 것이다. 따라서 기업 입장에서는 융합기술에 대한 R&D와 더불어 그 결과가 시장에서 성공할 수 있도록 하기 위한 융합 비즈니스의 전략 수립과 실행에도 적극 투자해야 할 것이다.

융합산업은 융합기술의 발전과 사회적 수용이라는 기초 위에서 의식주 수준 향상, 자아실현, 인류공영에 기여 등과 같은 소비자들의 욕구에 부응하는 방향으로 진전될 것이라는 점이다. 성공적인 융합은 21세기 우리가 사는 사회의 복잡한 문제들을 해결할 수 있는 방법일 뿐만 아니라, 우리가 지향하는 세상의 바람직한 작동원리이기도 한 것이다. 이러한 점에서 융합은 지식과 기술의 기능적인 통합을 넘어서 우리에게 새로운 가치를 요구하고 있다.

디자인 경영의 이해

(Understanding Design Management)

PART 02

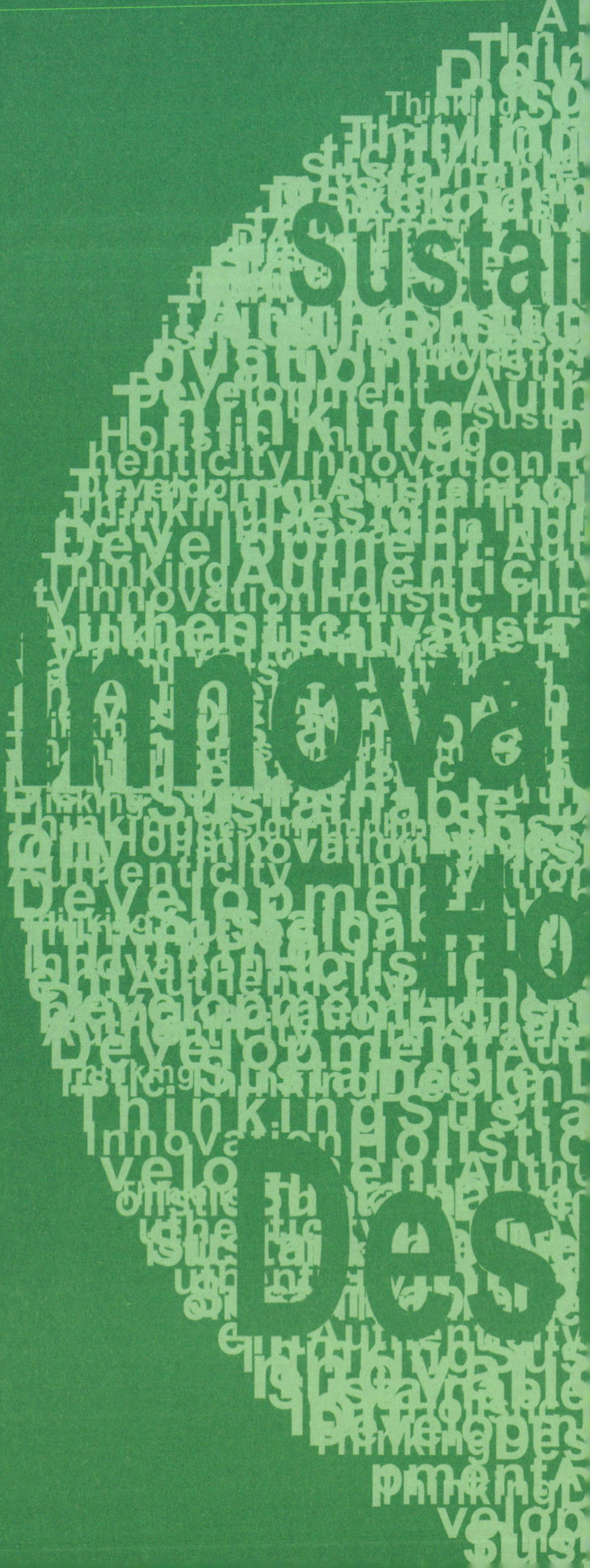

PART 02

디자인 경영의 이해

(Understanding Design Management)

le Development
uthenticity
tic Thinking
n Thinkin

2-1 디자인 경영의 정의

1) 디자인 경영 정의의 중요성

정의의 사전적 의미는 어떤 말이나 사물의 뜻을 명백히 밝혀 규정하는 것이다. 그러나 디자인 경영에 대한 정의는 많고 다양하다. 많다는 것은 아직 정확히 규명되지 않았다는 의미로 해석될 수도 있지만, 반대로 그만큼 많은 관심 속에서 다양한 관점과 접근으로 연구가 활발히 진행되고 있다는 증거로도 볼 수 있다. 이번 장에서는 디자인 경영에 대한 설명에 앞서 디자인 경영에 대한 정의를 명확히 하는 데 의의가 있다. 디자인 경영에 대한 정의를 내리는 것은 기업과 사회, 그리고 개개인의 공동 이해(Agreed Understanding)는 물론 부분이 아닌 총체적인 응용(Holistic Application)을 위한 것이며, 마지막으로 지속적인 개발을 이루기 위해 꼭 필요한 요소이다.

2) 디자인 경영에 대한 올바른 이해

아래에 서술한 문장은 저자가 지금까지 디자인 경영을 알아가는 데 있어 방해되었던 '오해의 글'들이다. 디자인 경영이라는 단어를 정의하더라도 아래와 같은 오해를 머릿속에 가지고 읽기 시작한다면 다시 혼란스러워질 수 있으므로 우선 디자인 경영을 정의하기 전에 아래에 쓰여 있는 '디자인 경영은 무엇 무엇이 아니다.'라는 것에 대한 문장을 읽어 보길 바란다. 물론 아래에 서술한 문장이 디자인 경영과 전혀 관련이 없다거나 중요하지 않은 것은 아니다. 엄청난 연관성을 가지고 있다. 다만 이 책을 읽는데 있어 디자인 경영의 단편적인 모습만을 보지 않고 전체적인 모습을 볼 수 있게 하는데 도움이 되었으면 한다.

디자인 경영에 대한 선입견을 없애 보자.

- 브랜드 경영과 디자인 경영은 동일어가 아니다.
- 전사적 이미지 경영과 디자인 경영은 동일어가 아니다.
- 디자인이 훌륭한 신제품 개발 관리와 디자인 경영은 동일어가 아니다.
- 디자인 경영은 디자인 부서의 업무를 관리하는 것만이 아니다.
- 디자인 컨설팅 업무를 한다고 해서 디자인 경영을 하는 것은 아니다.
- 디자인 경영은 경영의 중요성을 디자이너에게 가르치는 과정이 아니다. 역으로 디자인의 중요성을 경영자에게 가르치는 과정도 아니다.
- 디자인 경영은 디자인 배경을 가지고 있는 경영자가 경영하는 것, 반대로 경영 배경을 가진 디자이너가 경영하는 것 자체를 의미하지 않는다.
- 디자이너가 운영하는 회사라고 해서 디자인 경영을 하는 회사라고 할 수 없다.

3) 두 가지 차원의 디자인 경영

경영을 디자인 하자, 디자인으로 경영하자, 디자인에 의한 경영, 경영 디자인, 디자인의 경영, 디자인 관리 경영 등은 디자인 경영을 설명하기 위해 생겨난 것들이다. 선뜻 디자인 경영을 이해하기란 쉽지 않아 보인다.

저자는 복잡해 보이는 디자인 경영을 쉽게 설명하기 위해 '디자인은 경영의 관리 대상, 디자인은 경영의 활용 도구'로 구별하여 간단하게

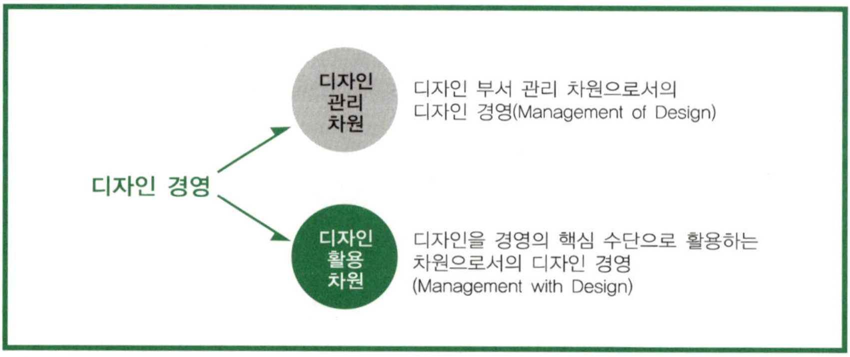

[그림 20] 디자인 경영의 두 가지 차원

정리해 보았다. 디자인 경영(Design Management)이라는 용어는 현재 두 가지 차원으로 사용되고 있다. 이 두 가지 차원은 어휘상으로 아주 미미한 차이가 있는 것처럼 보이나, 실제로 말하고자 하는 초점도 다르고 근본적인 접근 방법도 다르다. 즉 디자인 경영(Design Management)이라는 용어는 현재 두 가지 차원으로 사용되고 있다. 즉 한 개의 단어로 두 가지의 개념을 이입하여 사용하고 있다. 두 가지 개념의 확연한 차이점을 알아보자.

디자인 경영(Design Management)이라는 용어는 현재 두 가지 차원으로 사용되고 있다. 즉 한 개의 단어로 두 가지의 개념을 이입하여 사용하고 있다.

첫째, "'디자인은 관리의 대상'이다."라는 차원의 '디자인 경영'으로 디자인 전략, 디자인 조직(부서), 디자인 프로젝트를 관리한다는 차원에서의 디자인 경영(Management of Design)이다. 이 차원에서는 디자인이 경영의 대상이 되기 때문에 다양한 경영 자원 중에서 디자인을 효과적·효율적으로 사용하기 위해 관리하는 것이 디자인 경영의 목표가 되며 기업 조직 내 디자인 활용 범위의 확산, 그리고 디자인 자원의 체계적인 관리 등에 초점을 둔다. 따라서 디자인을 위한 디자인 경영이라고도 말할 수 있다.

Kathryn(2006)과 정경원(2002)은 디자인을 기획, 조직화, 지휘, 통제하는 일련의 경영활동을 통하여 디자인 전략을 구상하고 디자인 프로세스와 실행을 관리 하는 차원의 디자인 경영을 논하고 있다. 또한 김호곤(2010)은 디자인의 관리적인 측면을 강조하며 디자인 관리 차원의 디자인 경영이 기업경영에 미치는 영향을 분석하였다.

둘째, " '디자인은 경영의 활용도구'이다."라는 차원의 '디자인 경영'으로 기업의 특정한 목표를 달성하기 위해 디자인을 경영의 핵심 수단으로 활용한다는 차원에서의 디자인 경영(Management with Design)이다. 이 차원에서는 특정 경영 목표를 달성하는데 디자인을 경영의 핵심자원으로 활용하는데 초점이 맞추어져 있으므로 디자인 자원이 경영 목표를 달성 하는데 전략적인 수단으로 활용된다. 따라서 경영을 위한 디자인 경영이라고 말할 수 있다.

디자인 경영을 두 가지 차원으로 구별을 해 놓은 이유는 두 가지 차원의 디자인 경영이 별개의 것이라는 것을 나타내려고 하는 것이 아니라 각각의 정확한 디자인 경영의 개념을 이해시키기 위함이다. 디자인 관리와 디자인의 활용은 엄연히 다른 접근으로 디자인 경영이라는 같은 단어를 사용함은 혼돈을 유발시킬 수 있기 때문이다. 하지만 두 가지 차원의 다른 접근의 디자인 경영은 상호보완적인 관계를 가지고 있다. 즉 디자인 관리가 잘 되어야 디자인을 경영에 잘 활용할 수 있고, 반대로 디자인을 경영에 잘 활용하기 위해서는 디자인 관리가 잘 되어야 가능하다. 따라서 두 가지 차원의 디자인 경영에 대한 명확한 개념아래 디자인의 관리와 활용이 상호보완적인 관계로 이뤄질 수 있도록 노력해야 한다. 이 책에서는 '디자인은 경영의 활용도구이다' 라는 차원의 '디자인 경영(Management with Design)'만을 소개하고자 한다. 디자인 관리 차원의 디자인 경영과 절대 혼돈이 없기를 당부한다. 저자가 내린 디자인 경영(Management with Design)의 정의는 다음과 같다.

> 디자인 경영이란 기업을 효율적, 효과적으로 이끌고 운영하는 데 있어 디자인 자원을 경영의 핵심 자원으로 활용하여 이해관계자들의 가치를 창출하는 경영 방법론이다.
> (Design Management is a methodology of efficiently, effectively leading and running an organization by using the design resources as the key resource to create shareholders value.)

또한, 영국과 미국 대학교에서 정의한 디자인 경영을 보면 " '디자인은 경영의 활용도구'이다."라는 차원의 '디자인 경영'으로 디자인을 경영의 핵심 수단으로 활용한다는 차원에서의 디자인 경영(Management with Design)에 초점이 맞춰져 있음을 볼 수 있다.

> 디자인 경영은 결정, 정책, 그리고 전략을 실행하는 데 책임이 있는 관리자들이 기업의 목적 달성을 추구하는 데에 있어 기업에게 주어진 디자인 자원들을 효과적으로 배치하는 것이다. 따라서 디자인 경영은 기업 내의 디자인의 위치, 핵심적인 경영 이슈들을 해결하는 데 관련이 있는 특정한 디자인 분야 자원의 지목과 식별, 그리고 그 관리자들이 디자인 자원을 효과적으로 사용할 수 있도록 하는 것과 직접적인 관련이 있다.
>
> (Gorb, [Design Management], 1990)

디자인 경영은 '전략적이고 지속적인 경쟁우위를 확보하기 위하여 조직 내 디자인자원을 판별하고 할당하는 것.' 이라고 정의하였다. 디자인 경영은 디자인 마인드 리더십이며, 디자인과 경영을 연결해주는 다리 역할을 하고 있다. (메리 맥 브라이드, [프렛 디자인 경영 수업 자료])

(Design management is an defined as the 'identification and allocation of creative resources within an organization to create strategic, sustainable advantage.' Design Management is design-minded leadership. It is the bridge between design and business.)

(McBride, [Class handout], 2005)

2-2 디자인 경영의 발전 과정

	경영	성공요인		디자인경영		
1900 's~ 1910 's	생산 관리 시대 1900~1919	산업 사회	가격 중심적	디자인과 비즈니스의 교류가 원만하지 않음. 디자인은 제품에 장식적인 기능의 역할	기능적 역할의 디자인	Phase 1
1920 's~ 1940 's	인사 및 조직 관리 시대 1919~1945			1926 기업 내 디자인 부서 설립 / 디자인 전문 회사 설립		
1950 's	마케팅 관리 시대 1945~1958			1944 영국디자인 협의회 설립 1951 디자인 프로모션 '경영기능으로서의 디자인' 이라는 주제로 디자인과 경영을 좁혀 보려는 시도가 시작 됨		
1960 's	기획 관리 시대 1959~1972					
1970 's		후기 산업 사회	전략 중심적	1966 '디자인경영' 출현, 디자인이 경영의 기능으로서 인식	디자인 관리 차원 →Management of Design	Phase 2
1980 's	전략경영시대 1973~1999	정보 사회		1975 디자인경영협회 설립(DMI), 경영 전략으로 디자인이 필수적인 요소로 인식		
1990 's	가치 창출 시대	지식 사회				
2000 's	지속 가능 경영 시대 2000~	지혜 사회	성능, 의미 중심적	오늘날의 디자인 경영	디자인 활용 차원 →Management with Design	Phase 3

Phase 1) 기능적 역할의 디자인(디자인의 필요성 인식단계)
Phase 2) 디자인 관리 경영(디자인의 경영 : Management of Design) → 디자인은 관리의 대상이다.
Phase 3) 오늘날의 디자인 경영(디자인으로 경영 : Management with Design → 디자인은 경영의 수단이다.

1) Phase 1: 기능적 역할의 디자인(디자인의 필요성 인식단계)

이 단계는 디자인이 기업에 대량 생산을 가능하게 하는 산업 미학적 역할을 수행함으로써 전문 분야로 인정받고 기업에서 하나의 기능적인 부서로 자리 잡기 시작한 시대이다. 사람들의 손에 의해서 만들어진 공예품들은 산업 혁명 직후 기계에 의해서 생산되기 시작했다. 생산 효율성을 높인다는 측면에서 생산 관리 시대가 왔고, 대량 생산 체제로 제품이 생산되는 시대로 바뀌게 된 것이다. 이 시대에 디자인은 기업에 대량 생산을 가능하게 하는 형태적 조형 활동 역할과 제품에 장식적인 미를 더하는 산업 미학적 역할을 수행하였다.

대량 생산이 가능한 기능과 형태를 갖춘 디자인이 기업 활동에 필수적으로 사용되기 시작하면서 디자인 서비스를 제공하는 디자인 전문 회사들이 생겨나기 시작했고 디자인은 기업에서 하나의 기능적인 부서로 자리 굳히기 시작했다. 산업 디자이너들의 활동으로 디자인이라는 것이 전문 분야로 인정받기 시작했고, 디자인에 대한 인식이 사람들 머릿속에 자리 잡기 시작한 시대라고 볼 수 있다. 디자인 전문인들은 기업에서 디자인의 역할과 활동범위를 넓히고자 디자인협회들을 설립하여 지식을 공유하기 시작했으며 디자인 기준, 기법, 방침 등을 체계적으로 만들기 시작했다. 이렇게 디자인과 기업 간의 상호 작용이 계속되면서 1966년도에 디자인 경영이라는 용어가 등장하였다.

2) Phase 2: 디자인 관리 차원의 디자인 경영(Management of Design, 디자인은 관리의 대상)

이 단계는 디자인이 기업의 핵심 차별화 전략으로 활성화되면서 디자인을 기업 전략에 맞추어 효율적이고 효과적으로 기획하고 실행하려는 디자인 관리 시대이다. 생산 관리 시대가 본격적으로 시작되면서 생산 기술의 발달로 제품의 질적 차이가 줄어드는 시기이다. 이 때문에 제품의 질이 아닌 디자인의 중요성이 증가하게 되었고 나아가 기업의 경쟁 우위를 확보하는 성공 요인으로 자리 잡게 되었다. 기업에서 디자인이 제품 전략에 전격적으로 쓰이게 되면서 그에 따른 관리의 필요성이 대두되어 디자인 관리 차원의 디자인 경영(Management of Design)이 생겨났고, 이때부터 디자인 경영이라는 용어가 쓰이기 시작했다. 초기의 디자인 관리(Managing Design)는 미리 기획된 기업 전략에 맞춘 전술적 수위에서부터의 디자인 프로젝트(Managing Design Project), 혹은 한 단계 위의 디자인 부서(Managing Design Department) 활동을 관리하는 역할에 국한되어 있었다. 그러나 디자인이 기업의 핵심 전략으로 사용되면서 디자인을 경영 전략에 맞추어 기획하고 실행하는 디자인 전략(Managing Design Strategy) 수준의 역할로 점차 확대되었다. 디자인이 전문 분야로 사용되며 세분화, 활성화가 이루어진 시대이다. 이 시대의 디자인 경영이라는 용어는 디자인 부서(마케팅, 생산, 인사, 재무와 같은 기능적 역할 함)를 전략적·전술적·실행적 차원에서 관리하는 일을 지칭하는 데 주로 사용되었다.

3) Phase 3: 디자인 활용 차원의 디자인 경영(Management with Design, 디자인은 경영의 수단)

이 단계는 디자인을 경영의 핵심 자원으로 활용하는 경영 방법론으로 활용하는 시대이다. 과거에는 한두 개의 경영 방법이 화두가 되어 경영계를 이끌고 장악했었지만, 현재는 윤리 경영, 창조 경영, 지식 경영, 지속 가능 경영, 디자인 경영, Total Quality Management(TQM) 등 다양한 경영 방법들이 사용되고 있다. 이처럼 다양한 경영 방법들의 구체적인 내용은 다르지만 리더십과 기업 문화의 중요성, 그리고 지속적인 혁신이 중요하다는 공통적인 결과를 보여주고 있다. '혁신'이라는 개념은 사물, 생각, 진행 상황 및 서비스에서의 점진적인 혹은 급진적인 변화를 일컫는 말이다(Mckeown, 2008). 많은 영역에서 혁신적이라고 하는 것은 이전의 상태보다 확연히 달라진 것을 말한다. 혁신은 기존에 있는 것과 다른 새로운 것을 생산해 내는 기습적인 속성이 있기 때문에 기업이 지속적으로 경쟁 우위를 확보하는 데 가장 효과적인 요인으로 지목받고 있다.

창조	혁신
독창적이고(Original), 유용하며(Useful), 실행 가능한(Viable) 아이디어를 창출하는 것이다.	창조된 아이디어를 기반으로 제품, 서비스, 혹은 프로세스에 점진적 혹은 급진적인 변화를 일으킬 수 있도록 적용시키는 것을 말한다.

[그림 21] 창조와 혁신의 차이

최근에 주목받고 있는 창조 경영도 잘 살펴보면 이것이 궁극적으로 추구하는 목적 또한 혁신임을 알 수가 있다. 어떤 사람들은 창조와 혁신을 구분하지 못하고 혼용하여 쓰고 있지만 사실 그 두 가지는 전혀 다른 의미와 역할을 가지고 있다. 창조는 아이디어의 창출 자체를 의미하는 반면, 혁신은 창조된 아이디어를 기반으로 사업화된 구체적인 성과물(제품, 서비스, 프로세스 등)이 사용자에 활용되어 그 가치가 사회에 반영되어 사회에 인정받고 큰 변화를 일으키는 것을 의미한다. 창조가 먼저 이루어져야 혁신할 수 있지만 창조가 반드시 혁신의 성공을 보장하는 것은 아니다. 창조가 있어야 혁신이 가능하기 때문에 창조를 외치고 '창조 경영'이라는 용어를 쓰고 있지만, 혁신이라는 결과물로 보이지 않는다면 큰 의미가 없다. 이것이 창조 경영의 한계이자 문제점이다. 하지만, 디자인은 혁신 도구로서 상상력을 현실화시키는 기술을 가지고 있다. 창조와 창의성만을 너무 강조하다 보면 혁신이라는 가장 중요한 요소를 놓쳐 버리는 오류를 범할 수도 있다.

특히나 이윤 추구를 목적으로 하는 기업에서의 창조는 예술이나 과학의 창조와는 달라서 아이디어를 활용해 사업으로 연결시킬 수 있는 유용성을 지녀야 한다. 그러므로 21세기를 이끌어 나갈 한 기업의 총체적인 경영 방침은 혁신을 위한 지식 체계의 활용, 연결, 조합, 그리고 균형이라는 디자인 경영의 핵심 역량과 같다고 볼 수 있다.

현재 우리는 지식의 시대를 지나 지혜의 시대에 왔다고 한다. 아는 것이 힘이었던 시대에서 이제는 지식 자체가 아니라 지식을 활용하여 원하는 가치를 창출해 내고 있다. 자세히 보면 지혜와 혁신은 결국 같은 것이라는 것을 알 수 있다. 지혜란 모든 지식을 통찰하고, 살아 있는 것으로 만들며, 구애받지 않는 뛰어난 의미로서의 감각이다. 혁신은 결국 시대에 아주 유용한 인간의 지혜라고 볼 수 있고 그렇기 때문에 과거에나 지금이나 지혜와 혁신이 나란히 공통으로 화두가 되어 있는 것이다. 복잡하고도 빠르게 변하는 불안정한 오늘날이기에 혁신을 추구할 수밖에 없으며 따라서 지혜의 시대가 도래한 것이다. 역으로 말하면 미래를 헤쳐 나갈 지혜가 필요한 시대이기 때문에 혁신을 추구하는 것이다.

'어떠한 방법을 사용하여 지혜시대에 지속적인 혁신을 이끌어 낼 것인가?'에 해당하는 방법적 도구는 경영의 핵심 요소이다. 쿤츠(Koontz, 1961)가 행동 과학, 수학적 방법 그 자체는 경영학이 아니며 단지 경영의 방법적 도구에 지나지 않는다고 말했듯이 디자인을 수단으로 한 방법도 경영의 방법적 도구가 된다.

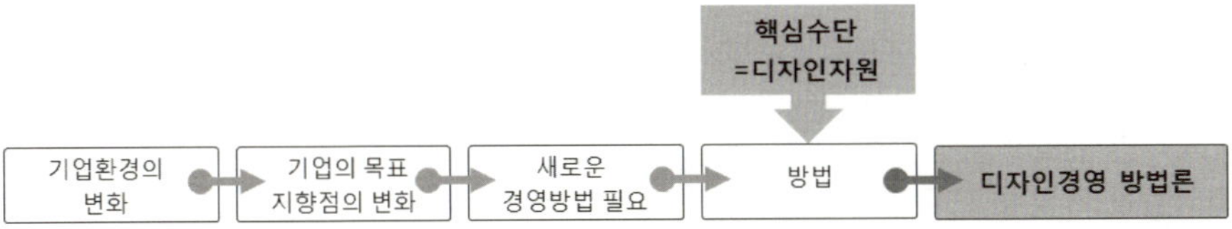

[그림 22] 경영방법론으로써의 디자인 경영

[그림 22]는 2-1과 2-2의 내용과 연관 지어 디자인을 경영의 핵심수단으로 사용하게 된 배경을 논리적으로 전개한 것이다. 변화된 기업 상황 때문에 추구해야 할 기업의 모습이 달라지고 이에 따라 새로운 경영 방법이 필요하게 되었다. 새로운 방법에는 방법적 도구인 수단이 필요하게 되는데 그 수단으로 디자인이 지목되었으며, 이것이 디자인을 경영의 핵심 수단으로 활용한 경영 방법론인 디자인 경영이다.

2-3 경영의 핵심 수단으로 디자인을 활용 하는 이유

앞에서 정의한 디자인 경영은 디자인을 경영의 수단으로 사용한 것이라고 하였다. 그렇다면 경영의 수단으로 사용된 디자인이란 도대체 무엇이며, 기업 경영에서 디자인은 어떠한 유효성이 있는지 알아보자.

우선 디자인의 정의부터 시작하자. 디자인이란 개념은 시대와 관점에 따라 다르고, 그 활동 또한 광범위하여 모두가 일치하는 디자인 정의를 내린다는 것은 결코 쉬운 일이 아니다. 하지만, 디자인 경영이라는 경영 방법론을 이해하기 위해서는 경영의 수단으로 사용되는 디자인의 개념과 그 범위를 명확히 할 필요가 있으므로 이에 가장 적합한 정의를 규정한다.

디자인은, 모든 디자인 활동의 가장 근본적이고 기본적인 면모를 바라보는 포괄적인 관점으로 '인간의 삶의 모든 측면에 있어 실제로 도움이 되는 결과물을 계획하고 구체화하는 인간의 능력'을 말한다.

다음은 [그림 23]을 보면서 디자인에 대한 실체를 알아보자. 예술은 인간이 가지고 영감을 표현하기 위해 존재한다. 반면 과학은 자연과 인간이 가지고 있는 원리를 규명하기 위해 존재한다. 예술과 과학은 공통된 것이 없는 대립관계처럼 보인다. 디자인은 고객 가치를 실현할 아이디어를 구현한다. 그 과정에서 예술적 영감과 과학적 사고가 유기적으로 통합되며 그 아이디어는 그것을 뒷받침할 수 있는 기술적 완성도와 함께 이루어진다. 따라서 디자인은 예술과 과학 사이에 있는 개념이 아니라 객관적 합리성과 주관적 감성은 물론 구현과정, 즉 기술과 관계를 조율하면서 예술과 과학을 아우르는 관점으로 볼 수 있다.

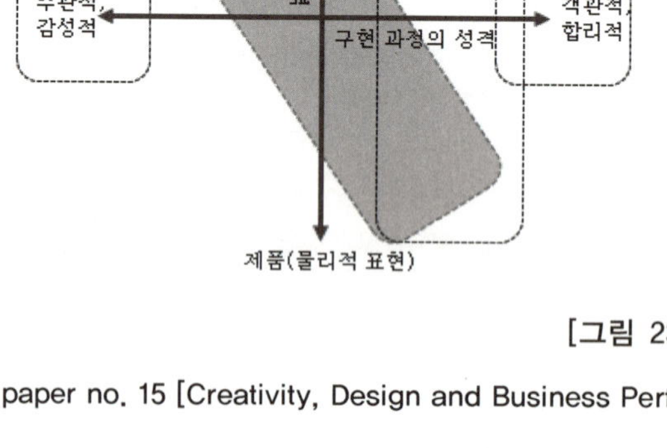

[그림 23] 디자인의 실체

(DTI Economics paper no. 15 [Creativity, Design and Business Performance], 2005)

디자인자원은 [그림 24]와 같이 표출적 디자인(Tacit Design)과 암묵적 디자인(Expressional Design)으로 구분할 수 있다. 표출적 디자인(Tacit Design)은 소비자가 직접 보고 경험할 수 있는 표현적 가치를 제공하는 영역인데 반해 암묵적 디자인(Expressional Design)은 보이지 않는 디자인의 지식체계를 활용하여 가치를 창출하는 활동의 영역으로 소비자가 보지 못하는 디자인이 된다. 디자인이라고 하면 흔히 표출적 디자인(Tacit Design)만을 떠올리는 이유는 표출적 디자인(Tacit Design)을 디자인의 결과물로 볼 수 있기 때문이다. 그러나 표출적 디자인(Tacit Design)은 전체 디자인 자원의 일부 표출된 '빙산의 일각'이라고 할 수 있다.

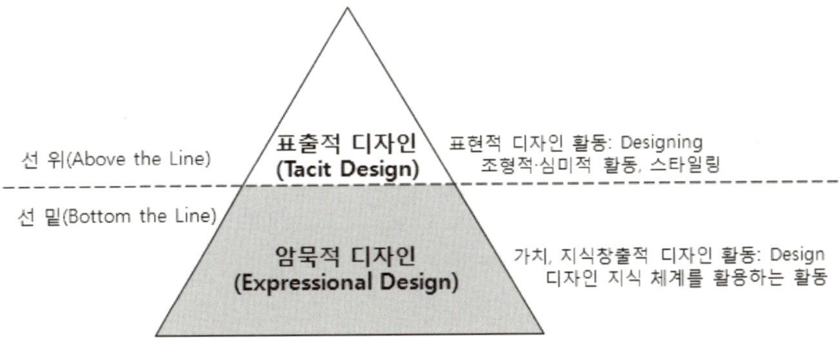

[그림 24] 디자인 자원
출처: 조동성, 김보영. 디자인 혁명. pp.56~58 토대로 연구자 제시

따라서 디자인의 활용차원의 디자인경영(Management with Design)에서 지칭하는 디자인자원은 표출적 디자인(Tacit Design)과 암묵적 디자인(Expressional Design)을 총제적인 관점에서 바라보아야 한다. 즉 디자인 활용차원의 디자인 경영의 디자인 자원은 곧 디자인에 관한 학문적인 방법론이므로 디자인 자원에 대한 깊이 있는 연구가 필요한 시점에 와 있음을 분명히 해야 한다.

앞서 기술한 것처럼 디자인의 개념이 변화하고 그 위상과 역할이 증대되고 있는 이유는 디자인경영의 활용측면에서 볼 때 활용 가능한 우수한 디자인 자원이 발견 되면서부터이다.

<table>
<tr><td rowspan="5">표출적 디자인 (Tacit Design)</td><td rowspan="5">구현 능력</td><td>디자인 프로세스</td><td colspan="2">계획, 운영, 실체화 능력</td></tr>
<tr><td rowspan="4">디자인 기술</td><td rowspan="2">개념화 능력</td><td>개념 종합 능력</td></tr>
<tr><td>의미직관 능력</td></tr>
<tr><td rowspan="2">형태화 능력</td><td>개념 시각화 능력</td></tr>
<tr><td>구체화 능력</td></tr>
<tr><td rowspan="5">암묵적 디자인 (Expressional Design)</td><td rowspan="5">구상 능력</td><td rowspan="3">디자인 사고</td><td colspan="2">총체적 사고 능력</td></tr>
<tr><td colspan="2">인간 중심적 사고 능력</td></tr>
<tr><td colspan="2">촉매 능력</td></tr>
<tr><td rowspan="2">디자인 가치관</td><td colspan="2">질적 향상 추구(진정성)</td></tr>
<tr><td colspan="2">감성 판단 능력</td></tr>
</table>

〈표 10〉 디자인 자원의 역량

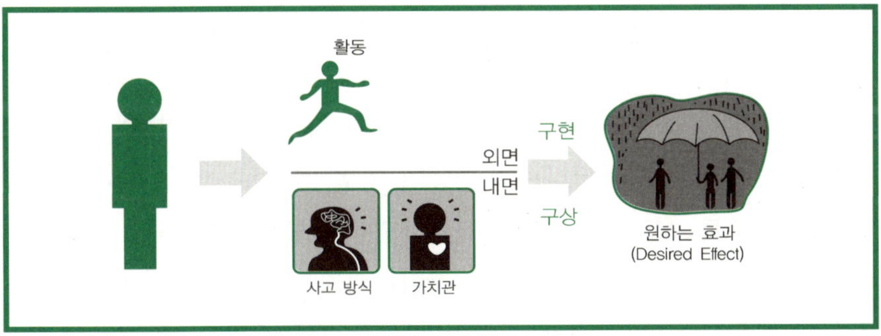

[그림 25] 기업을 총체적으로 바라본 논리 체계

[그림 25]는 사람의 모습을 총체적으로 바라본 논리체계를 보여 주고 있다. 어떤 한 사람에 대한 평가는 눈에 보이는 그 사람의 활동(행동)에 의해서 결정된다. 이 활동은 사람의 보이지 않는 내면의 가치관과 사고방식에 의해서 표출되는 결과물로, 그 활동을 보면 그 사람의 가치관과 사고방식을 짐작할 수 있다. 따라서 사람은 내면의 가치관과 사고방식, 그리고 외면의 활동으로 구성되어 있으며 이는 사람의 모습을 총체적으로 바라볼 수 있는 기준이 된다. 저자는 기업을 한 사람과 같은 유기체(Living System)로 보고 기업을 총체적으로 바라보기 위해서 사람의 모습을 총체적으로 바라본 기준으로 기업 내면의 가치관과 사고방식, 그리고 기업 외면의 활동으로 구분하여 살펴보았다.

기업은 특정한 목표를 가지고 있고 그 특정한 목표를 달성하기 위해서는 그것을 겨냥한 활동이 반드시 있어야 한다. 기업도 사람과 마찬가지로 어떤 특정한 결과를 원한다면 행동을 개선해야 하고 행동을 개선하려면 행동의 근원인 사고방식과 가치관이 바뀌어야 한다. 사고방식이나 가치관은 기업의 시행착오, 즉 시간을 거쳐 점차 형성된 틀이기 때문에 의식적인 행동뿐만 아니라 무의식적인 기업 활동에도 영향을 주게 된다. 그렇기 때문에 활동의 개선을 위한 사고방식과 가치관의 전환이 필요하기도 하다. 이제 경영의 이야기로 넘어가 보자. 경영은 지속적인 성과를 원한다. 경영이 원하는 성과를 보기 위해서는 어떤 특정한 활동이 요구된다. 그 활동이 기업 문화로 자리 잡혀서 자발적, 지속적으로 성과를 내기를 원한다면 활동을 통해 기업 구성원들의 가치관과 사고방식도 바꿔야 한다. 디자인 경영은 지속가능한 가치를 창출해 내는 혁신적인 기업이라는 특정한 효과를 만들기 위해서 기업을 전사적으로 바꾸는데 디자인 가치관, 디자인 사고방식, 그리고 디자인 활동(과정과 기술)을 수단으로 사용하고 있다. 역으로 이 세 가지 수단을 사용하면 오늘날 추구해야 할 기업 활동의 모습을 만들 수 있다는 결론이 나온다. 그래서 디자인 경영은 디자인을 경영의 핵심 수단으로 사용하는 경영 방법론이라고 하는 것이다. 이번 장에서는 경영의 핵심 수단으로 디자인을 사용하는 이유에 대하여 상세히 설명해 보려고 한다.

1) 암묵적 디자인

• 디자인 가치관

가치관은 사람들이 생각하고 행동하는 데 있어 확고한 기준이 되며 가치관을 토대로 한 사고와 행동에는 힘이 있다. 가치관은 사람들에게 영감을 주고 생각과 행동을 하나로 일치 시켜주기 때문이다. 따라서 가치관은 사람에게 근본을 설정해 주는 중요한 역할을 하게 된다. 기업의 경우는 어떠한가? 다양한 철학을 가진 사람들의 활동을 통솔해야 하는 기업의 입장에서는 가치관이 더 큰 요소로 작용하게 된다. 메드트로닉(Medtronic)의 회장이자 최고 경영자인 빌 조지(Bill George)

는 자신의 책 [진정한 리더십(Authentic Leadership)]에서 '사명으로 충만한 기업은 금전적 측면을 목표로 하는 기업보다 훨씬 더 큰 주주 가치를 만들어 낸다.'라고 말했다. 이 말은 결국 사람을 감명시키고 움직이는 힘은 좋은 철학에서 나오며 기업의 가치관이 얼마나 중요한지 일깨워 주는 말이다. 그러므로 기업은 새로운 활동과 사고방식의 구심점이 될 가치관이 무엇인지 명백히 해야 할 것이며 이러한 노력은 기업 성장을 위한 첫 단추가 될 것이다.

디자인 의도에서부터 제품의 출시까지 소비자를 배제하고 생각한다면 아무리 멋있고 예쁜 제품이라고 해도 소비자에게 외면당할 것이고, 혹여 형태적 완벽함 때문에 판매가 많이 되었다고 해서 결코 성공적인 디자인이라고 말할 수 없다. 사용자들과의 공감은 훌륭한 디자인의 가장 근본적인 철학이자 인간관계와 사회를 형성하는 토대가 된다. 내가 아닌 타인과 공감하고 타인을 배려하려는 자세는 사람의 삶의 질을 높이는 디자인에서 가장 중요한 요소이다. 여기에서 공감의 대상은 소비자뿐만 아니라 사회 구성원까지 포함하는 '사용자'를 의미한다. 따라서 인간적인 철학이라는 것은 '사용자와의 공감을 중심으로 하는 디자인의 철학'이라고 정의 내릴 수 있다.

> 참된 변화는 내면에서부터 시작되어야 한다.
> 이것은 뿌리, 즉 사고의 바탕이자 기본인 철학을 바꿈으로써만 가능하다.
>
> (Covey, [성공하는 사람들의 7가지 습관], 1994)

디자인 가치관

사용자와의 공감과 배려가 핵심인 인간중심적 철학을 바탕으로 사람의 질적 향상을 추구한다.

기업의 사고와 활동을 바꾸기 위한 구심점으로 위와 같은 디자인 가치관을 근본으로 설정했다고 가정해 보자. 그리고 기업의 모습이 어떻게 바뀔 수 있을지 생각해 보자. 사람과 사회를 위한 진정성 있는 마음이 담긴 디자인 가치관은 기업사고와 활동의 구심점이 되고, 이것은 보다 질 좋고 폭넓은 가치를 제공할 수 있게 만들어 여러 이해관계자들이 신뢰하고 존경할 수 있는 기업을 만들 것이다.

디자인의 가치관을 엿볼 수 있는 유니버설 디자인(Universal Design)

1980년대부터 본격적으로 활성화되고 있는 유니버설 디자인(Universal Design)은 누구나 쉽고 편리하게 제품을 사용하고 생활할 수 있도록 하는 디자인을 말한다. 나이, 장애 여부, 인종, 교육 수준 등 개인적 특성에 따른 불편함을 최소화하기 위한 장벽 없고(Barrier-Free), 접근 가능한(Accessible), 보조 . 재활 기술(Assistive Technology) 등이 유니버설 디자인의 주요 특징이다. 이러한 개념은 고령자의 증가와 장애인과 같은 사회적 약자에 대한 배려와 관심 확대, 문화의 다양성에 대한 인정 등과 같은 가치 변화 트렌드에 들어맞는다. 사회적 약자와 강자가 공존할 수 있는 생활환경을 구성한다는 것이 목표이다. 장벽 없는 디자인(Barrier-Free Design)에서 출발한 유니버설 디자인은 현재 장애인, 노인을 위한 디자인이라는 개념을 넘어 다양한 능력과 인간의 일생 주기를 수용하는 디자인 개념으로까지 발전되었다. 이러한 개념의 발전은 장애나 자유롭지 못한 신체적 능력을 특수한 상황으로 보는 것이 아니라 사람마다 누구나 가지고 있는 개별적 특성 즉 개성으로 보는 시각에 기인한다. 모든 사람은 다양한 신체 크기와 능력을 갖추며 또한 이와 같은 다양성은 나이에 따라, 상황에 따라 변화하는 자연스러운 현상이기 때문이다. 환경과 제품은 일반적인 인간을 대상으로 디자인하는 것이 아니라 사람의 다양한 개성을 있는 그대로 포용해 주어야 한다는 것이다. 다양한 인구학적 현상을 존중하는 유니버설 디자인은 장애를 지닌 집단을 두드러지게 부각하기보다 아주 자연스럽게 사회 구성원으로 받아들일 수 있게 하며 대중에게 새로운 사고를 불러일으키는 역할을 하도록 한다. 디자인을 통한 사회 평등을 실현하는 유니버설 디자인은 평등을 이념적 지향점으로 삼고 있는 민주주의에 걸맞는 개념이다.

• 디자인 사고방식

디자인 사고방식(Design Thinking) = 총체적 사고방식(Holistic Thinking)

정보 시대, 지식 시대에 이어 지금은 지혜 시대로 접어들고 있다. 즉 지혜가 산업적 가치이며 성공의 요인인 시대이다. 지식 시대에는 정보를 모은 데이터베이스를 기반으로 상품을 개발 했다면, 지혜 시대에는 지식들의 연관과 그에 따른 응용을 기반으로 상품을 개발하는 방식이다. 이러한 지혜 시대에서 활동하고 있는 기업은 무수히 많은 정보와 지식을 식별하고 연결하여 실제적인 가치(실제적으로 문제들을 해결할 수 있는 응용 방법)를 창출해 내야한다. 이것은 기업의 핵심 성공 요인으로 지혜 시대를 이끄는 총체적인 사고방식으로부터 나온 결과물이라고 볼 수 있다.

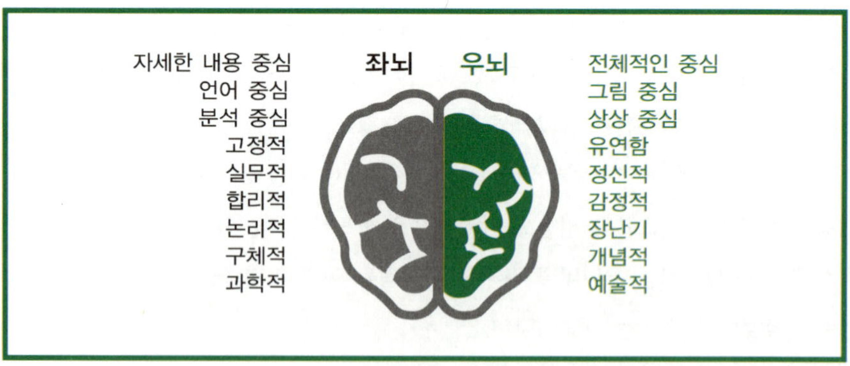

[그림 26] 좌뇌와 우뇌의 사고 특징

인간이 정보를 소화시키는 뇌의 구조는 보편적으로 좌뇌 사고와 우뇌 사고로 나누어 부른다. 좌뇌는 분석적이며 규칙적인 성격을 가지고 있어 매우 구조적이고 조직적이어서 순서대로 정보를 처리 한다. 반면, 우뇌는 감성적이고 직관적이며 의미 지향적인 성격을 지니고 있어 비순차적으로 정보를 처리 한다. 이처럼 인간은 좌뇌와 우뇌를 함께 사용하면서 살아가지만 한쪽 뇌를 더 선호하게 되고, 어느 쪽 뇌를 더 많이 사용하느냐에 따라 활동 내용이 달라진다. 이러한 편애 현상은 외부 환경에서 오는 영향으로 어린 나이에 생성이 된다. 나이가 어릴 때는 양쪽 뇌를 같이 사용해서 어떠한 결정을 내린 그대로 행동을 하지만, 그 행동에 대한 반응이 어떠냐에 따라 편애가 시작된다. 즉 분석적이 아닌 직관적으로 생각하고, 행동으로 옮겼을 때 결과가 긍정적이면 어린아이는 그때 사용했던 뇌를 다시 사용하게 되는 것이다. 따라서, 뇌의 편애 현상은 태어날 때부터 한쪽으로 쏠려 있는 것이 아니라, 어떤 현상의 반복적인 활동 과정으로 인해 형성된다는 것임을 알 수 있다.

이 두 가지 사고방식의 편애는 인간의 지식 체계를 봐도 명백하게 드러난다. 인간의 지식 체계는 크게 예술과 과학으로 나눌 수가 있는데, 예술은 자신을 표현하고자 하는 욕구, 즉 직관의 전형이기 때문에 우뇌 사고 편애의 결과물이다. 하지만, 과학은 인간이 세상을 이해하고 바꾸려는 욕구, 즉 논리의 전형을 나타내는 좌뇌 사고 편애의 결과물이라 볼 수 있다. 종합해 보면 사고방식은 같은 환경 속에서도 전혀 다른 결과물을 만든다는 것을 알 수 있다.

과거에 대부분의 기업은 과학 혁신과 산업 혁명을 이끌었던 전통적인 환원주의적(Reductionist), 합리적 좌뇌 사고방식을 하고 있다. 이러한 사고방식은 생산성과 수익성 위주였던 산업 경영 시대에 창의적이

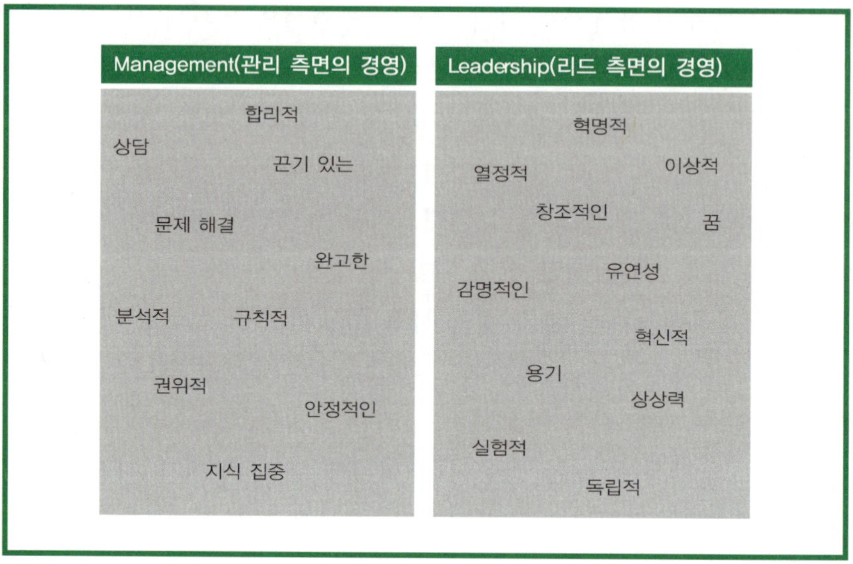

[그림 27] 관리와 리드 측면의 성향 비교

고 직관적인 우뇌 사고보다 통계적이고 체계적인 좌뇌를 사용하여 경영성과가 좋게 나타남으로써 생겨난 편애 현상이다. 환원주의 방식은 문제를 단순화한 뒤 그 근본 원인을 찾아내고 잘못된 곳을 수정하는 방식으로 여러 변수와 복잡한 요인들을 제거하려 한다. 따라서 이것은 사실상 환원주의적 문제 해결 방식이 효과를 거두지 못하게 된 결정적인 이유가 된다. 기업과 조직의 문제에는 수많은 변수가 존재하며 그것들은 끊임없이 변화하기 때문이다.

현재 경영계에서는 관리를 잘하는 경영자는 많으나 리더십 있는 경영자는 턱없이 부족하다고 한다. 이는 전통적 경영계가 좌뇌형이고, 우뇌형이 부족하다는 것을 다시 한 번 확인시켜 주고 있다. 리드를 하기 위해 필요한 사고방식들은 대체로 우뇌형 사고이기 때문이다. 경

환원주의적 사고 방식	총체적 사고 방식
문제 해결(과거의 사고 방식)	해법 생성(미래의 사고 방식)
이성적, 경험적 사고 체계를 사용한다.	다양한 심리 모델을 사용한다.
과거 지향적이다.	미래 지향적이다.
문제 해결에 초점을 둔다.	해법 생성에 초점을 둔다.
사실 중심적이다.	인간 중심적이다.
제한된 환경 속에서 문제를 바라본다.	광범위한 환경 속에서 문제와 해법들을 이해한다.
문제의 유일한 해결책을 찾으려 한다.	지속적이고 변화 가능한 해법을 위해 독특하고 신선한 아이디어를 찾는다.
확실한 정보만을 강조한다.	모든 정보는 쉽게 변할 수 있음을 안다.
문제의 세분화된 부분에서 나타나는 변화에만 관심을 갖는다.	처음부터 각각의 문제를 독특하게 다룬다.
다른 문제들과의 유사성을 찾는다.	다른 시스템들과의 상호 의존성을 생각한다.

〈표 11〉 환원주의적 사고 방식과 총체적 사고 방식의 차이
(Nadler & Chandon, [Smart Question], 2006, p. 42)

영자라면 관리 기술과 리드 기술을 함께 겸비하고 있어야 한다. 하지만 과거의 경영자들은 과학적인 환원주의적 사고방식 기반만으로도 고정적이며 안정적인 결과를 산출했기 때문에 리드를 잘하기 보다는 관리를 잘하는 성향을 띄고 있다.

하지만, 오늘날의 경영자는 여러 학문의 영역을 넘나들며 공통 관심사를 찾아내어 문제를 푸는 새로운 방법을 제시할 수 있고 미래를 그려나갈 수 있는 통합적인 지혜를 가지고 있어야 한다. 이러한 시대의 흐름에 맞게 경영자는 좌뇌와 우뇌를 모두 사용하는 총체적인 사고를 해야 하며 그 사고를 바탕으로 이 시대에 알맞은 현명한 해결책을 내놓을 수 있는 통합적 사고능력을 갖추고 있어야 한다. 총체적인 관점을 유지할 수 있는 사고와 통합적인 해결책을 내놓을 수 있는 사고야말로 이 시대의 기업이 절실히 필요로 하는 사고방식이기 때문이다. 최근 창조적 리더십은 창조적 파괴 활동을 통하여 신시장, 신사업, 신제품을 개척하는 창조적 의지와 역량으로 발휘되어 기업의 행동을 혁신적으로 이끌고 있다. 이러한 창조적인 리더십의 이야기도 결국은 정해진 방식에 맞게 행동을 관리하는 경영자가 아닌, 계속되는 변화에 맞추어 끊임없이 행동을 개선해 나갈 수 있는 사고를 겸비한 탁월한 총체적인 능력의 경영자가 필요함을 말해 주는 것이다.

총체적 사고의 핵심은 바로 상반되는 좌뇌 우뇌 사고의 연관성이다. 상호 보완적인 연관성 없이는 양 뇌 사고를 한다고 해도 총체적 사고라 말할 수 없다. 이것이 혁신을 위한 창의성이라는 변수에만 초점을 맞추어 우뇌형 사고의 인재들을 끌어 모았음에도 불구하고 혁신에 실패한 기업의 사례를 보면 알 수 있다. 균형을 맞춘다는 것은 그만큼 경영이 활용할 수 있는 지적 자원의 다양함과 폭을 넓힐 수 있으나 그 자체가 기업의 목적, 즉 가치 창출이 되는 것은 아니다. 지식의 가치는 어떻게 활용하느냐에 따라 결과물이 달라진다. 그리고 새로운 아이디어는 다양함과 관점의 차이에서 비롯되기 때문에 여러 이해관계자들의 욕구를 충족시킬 수 있는 다양한 가치를 창출하기 위해서는 기업 구성원들의 지식과 경험, 길들여진 사고방식에 의한 제각기 다른 관점들을 통합시킬 줄 알아야 한다.

과거 경영이 과학적 좌뇌형에 많이 치우쳐 있어 우뇌의 보강이 필요하다면 전형적 우뇌형인 예술 같은 분야를 투입해도 분명히 효과가 있을 수도 있다. 창의력이란 디자인만이 가지고 있는 것이 아니므로 예술을 통하여 창의력을 보강해서 양뇌의 균형을 맞추는 것도 가능할 수 있다. 하지만, 여기에서 중요한 것은 그렇게 균형을 맞추었다고 해서 양쪽이 연결된 것은 아니라는 점이다. 과학자들의 연구에 의하면 20세기 천재로 통하는 아인슈타인의 뇌는 일반 사람과 다른 점이 있다는 결론을 내렸다. 아인슈타인의 뇌는 더 클 뿐만 아니라 연결이 잘되어 있었다고 한다(Fisk, [비즈니스 지니어스]). 디자인이 기업의 두뇌인 경영에 활용되는 가장 큰 이유는 바로 양뇌 조직의 연결의 역할을 할 수 있는 '디자인의 종합자(Synthesis)'로서의 면모 때문이라고 볼 수 있다. 이는 상반되는 두 아이디어를 동시에 수용하고 아이디어 간의 긴장을 창의적 사고로 바꾸어 내는 능력이다. 이 능력을 통합적 사고라고도 하는데 탁월한 혁신의 재능과 장기적인 비즈니스 성공과는 다른 차원의 것으로 상반되는 두 아이디어를 동시에 수용하고 아이디어 간의 긴장을 창의적 사고로 바꾸어 내는 능력이다. 다시 말하자면 평범함과 미봉책에 만족하지 않고 대립하는 의견들을 끈질기게 파고들며 복잡한 현상 속에서 창의적인 해결책을 끌어내 상황을 돌파하려는 것이다. 이것은 성공한 리더들이 공통으로 가지고 있는 성향이자 능력이다. '탁월한 리더들에게 배워야 할 것은 그들의 행동이 아니라 사고방식이다.'(Martin, [생각이 차이를 만든다])라는 말에서 사고방식의 중요성에 대하여 언급하고 있다.

현재 그리고 미래 경영에 요구되는 총체적이며 통합적인 사고방식을 체계적으로 사용하고 있는 전문 분야가 있다. 바로 디자인이다. 디자인은 예술적이고 과학적인 사고를 하며 인간과 사물 양자에 함께 관심을 갖고 이 모든 것을 조화롭게 만들려고 한다. 즉, 창조적 사고

(Joy Paul Guilford, 1954)의 특징으로는 많은 조건에서 하나의 해답을 이끌어내는 수렴적 사고(Convergent Thought)와 주어진 조건에서 가능한 한 많은 해답을 이끌어내는 발산적 사고(Divergent Thinking)를 들 수 있다. 디자인은 감성적, 직관적인 측면과 함께 분석적, 논리적인 측면이 조화를 이루고 있어 지극히 수렴적이면서 발산적인 사고를 조화롭게 사용하기 때문에 창조적 사고라고 볼 수 있다. 매키넌(MacKinnon, 1962)은 일반적인 창조의 조건에서 독창적인 감응을 불러일으키는 아이디어의 전개, 독창적인 감응이 문제 해결에 도움을 줄 수 있는 현실적인 적합성, 그리고 독창적인 통찰력을 계속 유지할 수 있는 마음 자세와 그것에 대한 평가 숙고할 수 있는 태도 등의 세 가지는 바로 디자인의 조건과 부합되는 것이라고 하였다.

또한, 디자인 과정에서는 문제의 속성과 디자인 활동의 상황에 따라 발산적 사고와 수렴적 사고를 탄력적으로 사용한다. 따라서 디자인 사고는 좋은 결과를 만들기 위해서 한쪽 뇌의 지나친 편애를 버리고 우뇌와 좌뇌를 함께 활용하는 양뇌 활동이라는 것을 말해 준다.

이처럼, 양뇌 사고를 하는 디자인 사고는 그 중점이 바로 인간의 가치와 동기를 만드는 감성과 이성을 넘나들며 양쪽의 렌즈를 끼고 사람들의 상황을 여러 방면에서 보고 그들의 요구와 필요, 그리고 문제점들을 이해하는 총체적인 면모를 가지고 있다. 그리고 미래를 보며 현재 상황에서 미래를 향한 무엇인가를 새롭게 결합하려는 통합적인 면모를 가진 창조 분야이기도 하다. 디자인 사고는 별다른 뜻 없이 무의식적으로 행해지는 단순한 양뇌의 활동이 아니라, 새로운 의미와 가치를 찾아내는 것을 목적으로 하는 의식적·목적적 활동이다. 따라서 지속적인 성장을 위해 총체적이며 통합적인 사고를 해야 하는 21세기 환경에서 디자인 사고는 디자인 전문 분야의 영역을 넘어 경영이 본받을 만한 가치 있는 사고방식이라 할 수 있다. 경영이 디자인을 핵심자원으로 활용하려는 가장 큰 이유는 디자인이 바로 우뇌의 보강과 양뇌의 연결 속에서 새로운 가치를 창출해 내는 수단이기 때문이다.

> 지금 우리가 살고 있는 세상은 지금까지의 사고방식 수준으로 하여 만든 결과물이며, 그 결과물이 일으키는 문제들은 같은 수준의 사고방식으로는 해법을 찾을 수 없다. 인류가 살아남으려면 우리에게는 확연히 다른 사고방식이 필요하다.
>
> (알버트 아인슈타인, 1879–1955).
>
> The world we have made as a result of the level of thinking we have done thus far creates problems that we cannot solve at the same level (of consciousness) at which we have created them…We shall require a substantially new manner of thinking if humankind is to survive (Albert Einstein, 1879-1955).

디자인 사고(Design Thinking) – part 1

(Charles L. Owen, [Design Thinking: Driving Innovation], 2006)

- 단련된 창의성(Conditioned Inventiveness): 디자인 사고는 궁극적으로 무엇인가를 만들어 내기 위한 사고이다. 따라서 같은 창의성을 사용한다 하여도 '무엇'을 만들어야 하는지에 관한 발명에 초점이 맞추어지며, '왜'를 알기 위한 발견에 초점을 맞추는 과학적 사고와는 다르다.
- 적응성에 관한 편견(Bias for Adaptability): 가능한 한 해법은 사용자들의 독특한 필요에 맞게 적용될 수 있어야 한다. 그리고 그 해법은 변하는 사용자의 필요에 계속 적응할 수 있어야 한다는 관점으로 문제에 접근한다.
- 제너럴리스트의 관점(View of the Generalist): 디자이너는 디자인 과정에는 전문가일지 몰라도 그 과정에 투입되는 콘텐츠만은 광범위하게 볼 수 있는 제너럴리스트이다. 넓은 지식은 혁신적인 창의성을 위해 더 많은 영감을 받을 수 있는 기회를 준다.
- 모호한 결정을 할 필요를 제거한다(Facility for Avoiding the Necessity of Choice): 의사 결정은 최후의 수단이다. 다방면으로 문제를 해결하는 방안을 추구하여서 하나를 얻고 다른 것을 잃는 교환 형식의 선택 자체를 제거하려 한다.
- 자아 제어의 현실성(Self-Governing Practicality): 우선 얼마나 상상을 멀리할 수 있는가와 상상한 것이 얼마나 현실적으로 가능한 것인가를 알아본다. 따라서 디자인 사고에는 무한한 상상력에 현실성이 언제나 수반되는 일이다.
- 질적인 정보를 가지고 체계적으로 일할 수 있는 능력(Ability to Work Systematically with Qualitative Information): 단순히 정량적 정보만으로는 부족한 시대를 맞이하며 개념적 문제들을 해결하기 위한 질적인 정보를 가지고 체계적으로 일하는 능력을 갖추고 있다.

- 창의적이다(Creative): 실현 가능성을 고려한 창의성
- 조절된 낙관-긍정적이다(Tempered Optimism): 창의적인 사람들에게 기분의 변화는 자주 생기는 일이다. 하지만, 전문성을 유지하기 위해 디자이너들은 기분 변화의 높낮이를 조절할 줄 알아야 한다. 혼자 하는 일이 아니기 때문이다.
- 체계적 관점을 가지고 있다(Systemic View): 디자인 사고는 총체적이다. 현대 디자인은 문제를 시스템의 문제로 보며 체계적인 해법을 위해 무엇이든 적용한다.
- 새로운 것을 발명하는 것에 익숙하다(Conditioned Inventiveness)
- 머릿속에 그림을 시각화 할 수 있다(Ability to Visualize)
- 주변 환경을 고려한다(Environment Concern)
- 사람들의 변하는 니즈에 적응하여 개조한다(Bias for Adaptivity)
- 팀워크를 좋아한다(Affinity for Teamwork and Collaboration)
- 통합적이다(Synthetic and Integrative)
- 가정적이다(Abductive Reasoning)
- 기회적이다(Opportunistic)
- 변증법적이다(Dialectical): 현실이란 울타리 안에서도 미래의 가능성을 본다.
- 실험적이다(Experimental)
- 경험 위주다(Experiential)
- 사람 중심이다(Human-Centered): 예술 및 과학과 달리 디자인은 클라이언트(고객), 즉 특정한 누군가를 위해 하는 활동이기 때문에 언제나 그 초점이 그 사람에게 맞추어진다.
- 다기능적인 것을 추구하는 경향이 있다 (Predisposition Toward Multi-Functionality).

2) 표출적 디자인

• 디자인 활동(과정과 기술)

디자인 문제의 범주는 단순한 하나의 제품에서 시스템, 환경문제까지 포함하며, 시각적 문제에서 비시각적 문제까지 포함하고 있다. 디자이너는 직관과 영감, 감각적 기술뿐만 아니라 존재하지 않는 사물을 상상해 내는 공상적인 능력과 일반적 계획을 형성할 수 있는 개념적 능력을 갖추어야 한다. 따라서 디자인은 마지막 결과물로서만 보는 것이 아니라 마지막 결과를 이루어내기 위한 과정(Process) 자체로 보고 있다는 점을 의미한다.[12] 디자인 프로세스는 하나의 제품과 연관되고 또 파생되는 상호작용의 무제들 즉 사회적·환경적 문제와 사용자의 행동, 사용자의 심리 등이 복합적으로 고려되어야 할 체계(System)으로서의 복잡성을 띤 디자인 문제가 대두되고 있기 때문에 그 역할이 중요시 되고 있다. 또한, 디자인의 학문적 배경의 확대에 따른 학제적 그룹워크(Interdisciplinary Group-Work)가 상호 밀접하게 연결되어 진행해야 하는 디자인 프로세스의 필요성이 증대 되고 있다. 즉 디자인 프로세스는 디자인의 속성이 내포되어 표출되기 때문에 디자인 자원의 전체를 아우르는 만큼 디자인 경영의 디자인 자원 중 가장 큰 비중을 차지하고 있다.

디자인은 실천적 행동으로써 사고를 키우고 실행시킬 수 있는 체계적인 과정과 기술을 가지고 있기 때문에 경영 방법론으로 접목된다. 디자인의 교육과 학습, 그리고 실천의 반복은 평범한 사람도 총체적이며 통합적인 사고방식으로 전환시켜 혁신을 가능하게 한다.

---

12) 임연웅. 디자인 방법론 연구. 미진사. 2003. p.17

디자이너들은 어떠한 과제이든 상관없이 모든 과제에 적용시킬 수 있는 체계적인 과정(Systematic Process)을 가지고 있다. 이러한 과정은 어떤 사람이 내재적으로 가진 신비로운 창의적 재능이 아니라 기법에 의해 배우게 되는 기술이다. 디자인 과정은 디자인 문제를 해결하기 위한 일련의 단계들로 이루어지며, 디자인 기법은 이와 같은 단계를 수행하는 데 있어 사용되는 적절한 기술로 이루어진다. 다시 말해 디자인 과정은 디자인을 완성할 때까지 시간적 흐름에 따라 일어나는 모든 상황을 해결하기 위하여 사용되는 기술적 방법이 된다. 따라서 디자인을 효과적으로 수행하기 위해서는 효율적인 디자인 과정의 운용이 필요하다.

이미 오래전부터 많은 선구적인 디자이너와 디자인 이론가들에 의하면 '디자인이란 상황에 따라 물적 존재 가치의 올바른 요소들을 종합적으로 규명해 나가는 과정'이라 하여 디자인 과정의 중요성을 역설하고 있다.

1960년대를 기점으로 디자인 과정 연구가 본격적으로 시작되었고 현재 여러 형태의 디자인 과정이 발표되었다. 여러 디자인 이론가들의 디자인 과정을 모두 종합해 보면 거의 비슷한 과정의 내용으로 이루어졌다는 것을 알 수가 있다. 첫 번째 단계는 어떠한 아이디어를 종합하기 이전에는 반드시 디자인 문제에 대한 자료(문제의 정의, 목표의 규명, 사용자의 요구 파악, 그리고 문제 요소 간의 관계 분석)를 수집하는 것이고, 두 번째 단계는 수집한 자료를 토대로 디자인 문제를 분석하고 정의하여 사용 가능성을 판단한 후에 그 아이디어를 구체화하는 것이며, 구체화한 아이디어를 실행에 옮기는 마지막 단계로 구성됨을 볼 수 있다. 위에 단계의 특징은 영감(Inspiration), 관념과(Ideation), 그리고 실행(Implementation)의 세 단계 구조로 간단하게 요약할 수 있다. 그럼 이에 대하여 구체적으로 알아보자.

	문제의 이해	해결안의 종합	해결안의 평가
듀이 (Dewey)	문제 제기, 문제의 정의	가능성 있는 해결안이나 해석의 도출 아이디어의 합리적 구체화	아이디어의 확증 및 결론적 신념의 공식화
드리커 (Drucker)	문제의 정의 문제의 분석	대안적 해결안의 발전	최선안의 결정, 의사결정의 실천
존스 (Jones)	분산	전환	수렴
애시모 (Asimow)	문제 상황 분석	해결안의 종합	결정과 평가 최선화 수정, 해결안의 이행
아처 (Archer)	프로그래밍	자료수집, 분석	발전, 전달
핑컬스타인 (Finkeistein)	정보 수집 , 정리	여러 디자인 안의 제시	디자인 안의 분석, 결정

〈표 12〉 디자인 이론가들의 디자인 과정
(박인철, [디자인 프로세스에 대한 연구], 1991)

1단계: 영감(Inspiration) – 문제에 대한 이해 단계

사람에 대한 근본적 이해와 행동 양식의 직접적 관찰을 통해 미래 혁신 기회를 포착한다. 혁신의 시작은 사용자와의 감정 이입으로부터 시작하므로 문제의 범위를 정의하고 접근법을 생각한다.

21세기 디자인은 문제 해결의 과정이라고 해도 과언이 아니다. 문제를 해결한다는 것은 단순히 문제를 해결하는 것에 국한된 것이 아니라

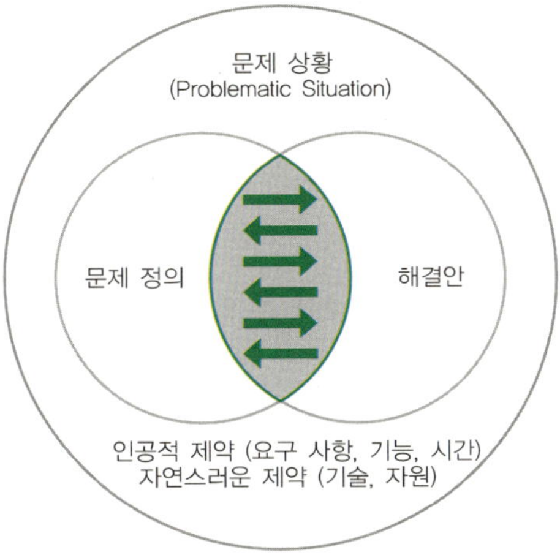

[그림 28] 디자이너의 문제 해결 방법

문제를 발견하고 정의한 뒤에 해결해 나가는 과정까지 모두 포함된다. 문제의 해답은 질문 속에 숨어 있는 것처럼 문제를 해결하는 것은 문제를 어떻게 발견하고 정의하느냐에 따라 결정된다. 정확하게 포착된 문제의 정의는 해결안에 이르는 가장 빠른 길이자 정확한 해결 방법에 도달하게 하는 중요한 요소이다.

대부분의 문제는 문제와 결합된 복합적인 상황을 배제하고 간단명료하게 정의하기에는 어렵기 때문에 분석 → 문제 정의 → 문제 해결이라는 일직선상의 순차적인 접근 방법으로는 복잡한 문제를 해결할 수 없다. 특히 문제의 주제가 사회와 같은 광범위한 맥락으로 연결되어 있을 때에는 문제 또한 복합적이어서 확실한 원인을 알아내기 쉽지 않다. 또한, 문제의 요소들은 고립되어 있거나 정적인 상태에 있는 것이 아니라 계속 영향을 주고받으며 변화하기 때문에 문제에 대한 정확한 규정을 내리기 어려워진다. 이와 같은 문제들을 Horst Rittel (1967)은 '난해한 문제들(Wicked Problems)'이라고 정의하였는데 디자인은 대부분 이러한 문제에 대면하게 된다.

앞서 이야기했듯이 디자인을 하는 과정은 일차적으로 문제를 정의하고 해결안을 찾는 일직선 구조가 아니라 문제 정의와 문제 해결안의 과정이 함께 복잡하게 얽혀 있는 형태이다. 즉 이러한 복잡한 과정을 해결하기 위해서는 임시로 불분명한 가답안을 내놓고 그 문제의 맥락 안에서 해결 적합성을 따져 보아야 한다. '모호한 전단(Fuzzy Front End)'이라는 표현이 붙여진 것도 디자인이 바로 이러한 문제 해결 과정을 거치기 때문이다. 그러나 이와 같은 불분명한 가답안도 문제의 맥락에서 어떠한 문제들을 해결해 주는지, 또 그 문제가 과연 해결할 만한 가치가 있는 것인지에 대한 중요도를 생각하고 설정해야 해결안과 문제의 정의가 점차 분명해질 수 있다. 해결안을 미리 만들어 놓고 그에 맞추어 마지막 개발 단계에서 이루어지던 과거의 시장 조사와는 달리, 현재에는 초기 단계에서 디자인 리서치가 진행되어 해결안의 콘셉트 방향을 설정하고 마지막 개발 단계까지 해결안을 수정하는 과정을 거친다. 따라서 제시된 문제 상황을 해결하기 위해서는 디자인을 사용할 사용자를 직접 관찰하고, 이와 관련된 외부 환경을 조사하여 디자인에 도움이 될 만한 모든 단서를 포착해 내야 한다. 이 과정의 목표는 디자인 리서치를 통해 어떤 것이 사람들을 즐겁게 하고 유용하게 이용될 수 있을까에 대한 해답을 얻는 데 있다. Dorst(1997)가 디자인 과정은 '해 봐야 아는 것(Knowing-in-Action)' 그리고 디자인 분야를 '활동적인 분야(Action-Oriented Profession)'라고 말한 것도 이러한 이유에서이며, 디자인 과정에서 특정한 절차나 공식을 규정짓는 것이 어려운 것도 바로 이 때문이다. 그렇다면 규정짓기 어려운 이 문제를 어떻게 정의해야 하는지 알아보자.

> 디자인이란, 단지 하나의 독특한 제품이 남게 될 때까지 여러 제약을 연속적으로 적용하는 과정이다. (Donald A. Norman, [디자인과 인간 심리], 2001)

복잡하게 얽혀 있는 어려운 난제들을 해결하기 위한 가장 좋은 방법 중 하나는 문제와 해결안 사이에 제약을 두는 것이다. 객관적인 제약, 즉 반드시 맞춰야 하는 지정된 한계와 제어되지 않아서 자신이 정할 수 있는 주관적인 제약을 둘 다 설정해 두고 문제와 해결안 사이의 간격을 좁혀 나가는 것이다.

예를 들어 컵을 디자인하라는 문제를 주면, 어떤 디자이너는 심미성만 추구하여 쓰기 불편하고 보기에 아름답게만 디자인을 할 것이고, 또 어떤 디자이너는 실용성만 추구한 나머지 아름답지 않은 디자인을 할 수도 있을 것이다. 그러나 실용성과 심미성을 다 가지고 있으면서 컵의 손잡이가 꼭 있어야 하며, 컵의 크기는 10cm를 넘지 말아야 하는 등과 같은 제약 조건들을 준다면 어떠한 디자인을 해야겠다는 문제의 정의를 내리기가 쉬워질 것이다. 일반적으로 디자인 과정의 출발은 디자이너 자신이나 예상되는 고객이 요구하는 디자인의 문제를 발견하는 것에서부터 시작된다. 디자인 작업의 시작은 제기된 문제점들을 철저히 분석하고 이 과정을 통해 요구된 대상물에 관련된 문제들을 정확히 추측할 수 있게 되는 것이다. 이 과정은 디자인 문제의 목표와 제한점 파악, 문제 정의, 요구 사항 파악, 문제 요소 간의 상호 관련 분석을 통한 문제 구조 파악, 그리고 디자인 기준 설정 등을 파악하는 단계이다. 또한, 이렇게 파악된 단계는 디자인 문제의 성격을 이해하고, 해결안의 아이디어 구상 방향을 설정하며 해결안의 평가 근거를 마련할 수 있게 한다. 이와 같은 단계를 구상해 내기 위해서는 문제와 관련된 모든 정보와 자료를 수집하여 제기된 문제의 상황을 폭넓게 파악하고 새로 개발될 해결안에 요구되는 사항들을 정리하여야 한다.

새로운 디자인은 인간의 삶의 질적 향상을 돕기 위해 생겨나고 변화하는 것이므로 디자인을 하기 전과 디자인이 진행 되는 동안에도 변화에 수반되는 모든 요소를 연구, 분석해야 한다. 이 말은 새로운 디자인을 하기 위해서는 결과물 자체뿐만이 아니라 변이될 수 있는 내용에 더 많은 주의를 기울이고 있어야 하며, 이와 같은 요소들이 충분히 만족스러울 때 특별한 디자인이 탄생하게 된다는 것을 의미한다. 구체적인 디자인 활동을 하기에 앞서 문제로 제기된 상황 자체에 대해 가능한 많은 관련 요소들을 함께 보고 이해하는 것이 이 단계의 주된 목적이므로 이 단계에서는 총체적인 사고가 요구된다.

2단계 : 관념화(Ideation) – 관찰과 체험을 통한 지식으로 해결안을 종합하는 단계

문제의 정의 단계에서 분석하여 정리된 것을 바탕으로 디자이너의 상상력과 여러 창조 기법으로 가능한 많은 해결안을 종합해 내는 단계이다. 크리스토퍼 존스(Christopher Jones)는 디자인 과정을 문제를 조각내어 낱낱으로 보는 분산(Divergence)단계와 분산된 조각들을 새로운 모양으로 다시 조립하는 변환(Transformation)단계, 그리고 새로운 모양을 실제로 적용했을 때 어떠한 영향이나 결과가 있을지 발견하기 위해 테스트해보는 수렴(Convergence)단계로 보았는데, 문제의 정의와 해결안을 종합하는 단계는 존스가 말하는 분산과 변환의 활동이 이루어지는 단계이다. 분산 단계에서는 문제의 상황 요인들과 디자인의 한계를 분산

- 사용자의 환경으로 들어가 체험한다.
- 유사한 상황, 극단의 사용자들을 찾아서 관찰한다.
- 익숙한 것도 새로운 다른 관점에서 재조명해 본다.
- 다른 분야나 산업에서 다른 해결책을 찾아본다.
- 문제에 대한 총체적인 경험을 고려해 본다.
- 현재의 행동 양식을 통해 미래를 예견해 본다.

〈표 13〉 문제를 이해하기 위해 고려해야 할 사항

시켜 기대되는 해결안의 영역을 넓히는 반면, 변환 단계에서는 이 확장된 디자인 영역 내에서 새로운 패턴을 창조하고 발굴한다. 여기에서의 분산이란 상상력을 기반으로 가능한 많은 아이디어를 내는 과정이고, 그 아이디어들에서 나오는 새로운 패턴이 바로 새로운 콘셉트가 되는 것이다.

콘셉트의 사전적 정의는 '개념'이지만 디자인에서의 콘셉트는 형태의 근원이 되는 구체적이고 선명한 미래에 대한 이미지라고 볼 수 있으므로 현재 실행되고 있는 디자인 활동의 기초가 된다. 독특하고 기발한 아이디어가 창출되어도 콘셉트가 명확하지 않으면 사장된다. 곧 명확한 콘셉트는 의사 결정을 쉽게 하고 디자인 프로젝트를 실행할 수 있는 근간이 됨을 의미한다. 또한, 다양한 분야의 전문가들로 이루어진 클라이언트나 동료와의 커뮤니케이션을 쉽게 이끌고 질적으로 우수한 디자인 활동과 결과물을 보장할 수 있다. 창의적인 아이디어는 문제 해결을 목적으로 발현되므로 현실성과 논리성에 부합할 수 있어야 한다.

> 콘셉트는 발명의 첫 단계다. 콘셉트의 존재 이유는 총체적 인상이다. 하늘을 나는 것은 콘셉트이다. 공중에 떠 있도록 무게를 지탱하는 방법을 생각하는 것은 아이디어다. 비행기, 헬리콥터, 행글라이더, 초경량 비행기는 디자인이다. 디자인이 나쁜 것은 원래의 콘셉트가 불투명하거나 공감을 이끌어 내지 못했기 때문이다.
>
> (Syd Mead)

소니(Sony)의 워크맨은 '걸어 다니며 음악을 들을 수는 없을까?'라는 콘셉트에서 시작되었다. 이 독특하고 명확한 콘셉트는 소니(Sony)의 기술력과 만나 워크맨으로 탄생하여 기업의 이윤을 극대화했다. 소니(Sony)의 워크맨 탄생은 혁신의 시나리오이자 스토리의 성공이라고 볼 수 있다. 이렇게 훌륭한 콘셉트는 굿 디자인을 보장하기도 하지만 기업 철학을 즉각적으로 인식하게 하여 결과적으로 소비자와 관계를 맺어 주는 중요한 핵심 가치가 되기도 한다. 소비자들은 콘셉트를 통해 기업의 전략과 비전을 보고 다른 기업과 구별되는 콘셉트의 제품을 사용하면서 가치와 효용성을 느끼기 때문이다.

3단계 : 실행(Implementation) – 해결안의 평가 및 추진 단계

차별화된 아이디어와 명확한 콘셉트가 있다면 모두 제품으로 만들 수 있을까? 해결안의 아이디어가 모두 실현화되는 것은 아니다. 아이디어와 콘셉트가 분명하여도 실현성이나 논리성이 부족하여 시장에 제공할 수 있는 조건을 만족시키지 못하는 경우가 많다. 그래서 디자인 평가 단계에서는 종합된 자료를 바탕으로 디자인 대상들을 최종적으로 평가하게 된다. 디자인 발의에서 개괄적으로 선정된 대상들에 대한 구체적인 평가를 하게 되는데 철저한 가치 분석을 통하여 개발 여부를 냉철히 판단하고 최종적으로 결정하는 작업이 수행된다.

시장에서 상업성과 수요성이 있다고 판정되고 나면 최종적으로 선정된 해결안이 이 단계에서 구체적으로 시각화되기 때문에 소비자가 만족하는 결과물을 얻기 위해서는 디자이너가 어떠한 조형 능력과 조형 감각을 가지고 사용했는지 알 수 있는 과정이기도 하다. 표출되는 디자인 활동(그래픽, 상품, 포장 디자인 등)은 이 마지막 단계에 와서야 본격적으로 시작된다. 인적 요소, 인간 공학, 사용자 인터페이스와 같은 기술적인 세부 요소들도 이 과정에서 구체적으로 만들어진다. 콘셉트에 딱 들어맞는 멋진 결과물이 산출되는 데는 이 실행 단계에서 업무를 하는 전문 직원들의 손에 달렸으므로 개략적이면서 빠르고 정확한 프로토타입을 만들고 테스트와 학습 과정을 반복해야 한다. 이 모든 단계를 거친 콘셉트가 실제화 되면 사용자에게 전달되고, 해결안은 사용자에 의해서 유용하게 이용될 때 비로소 궁극적인 가치를 발휘하게 된다. 디자인 콘셉트는 고객의 욕구 속에 숨어 있다고 말한다면 디자인 해결안의 가치는 고객과의 상호 작용을 통해 나타난다.

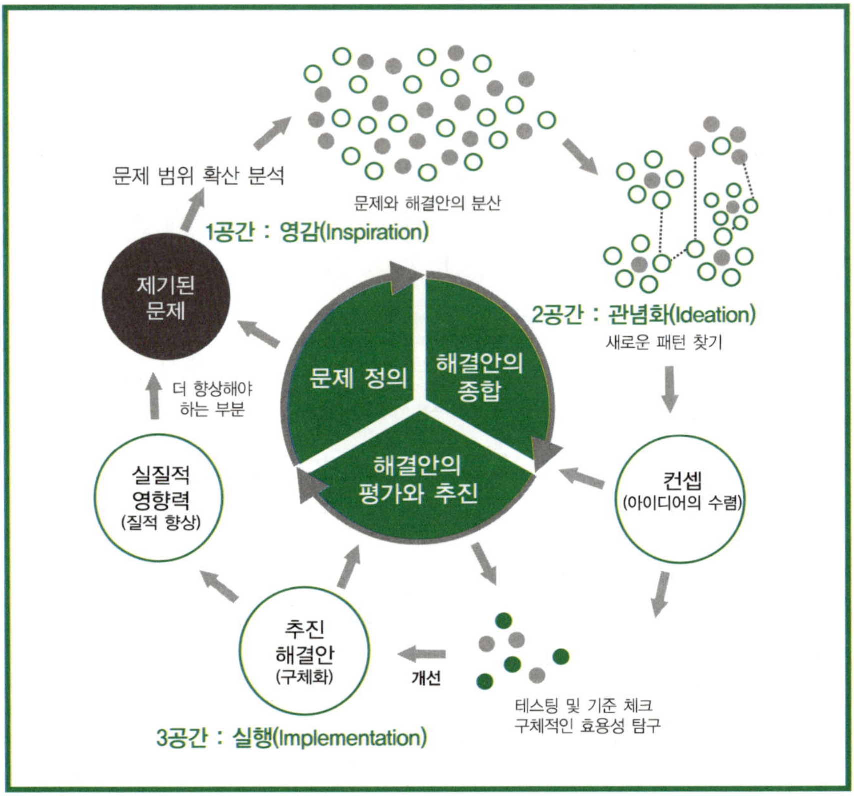

[그림 29] 아이데오(IDEO) 디자인 과정(www.ideo.com)

1~3 공간의 디자인 과정

지금까지 디자인 과정을 세 단계로 나누어 단계적으로 설명했다. 하지만, 디자인의 단계는 하나가 끝나면 다음으로 넘어가는 식의 직선적이고 순차적인 과정이 아니다. 디자인 컨설팅 회사 아이데오(IDEO)의 팀 브라운(Tim Brown)은 이 세 가지의 단계를 '단계'라는 표현보다는 '공간'이라는 표현이 적절하다고 말한다. 이 말은 앞에서 구분 지었던 세 가지 단계가 디자인 과정이라는 하나의 공간 속에 있는 순환적인 과정일 뿐 일련적인 것은 아니라는 이야기이다. 왜냐하면, 이 세 단계의 경계가 불분명하고 상황에 따라 단계를 자유롭게 드나들며 반복하기 때문이다.

경제학 이론의 대부분은 개인의 이득, 효용, 안락을 최적화하려는 합리적 인간의 모형에 근거를 두고 있다. 하지만, 인간의 사고는 문제를 해결할 수 있는 논리적인 귀납법과 연역법보다는 가추법을 사용하여 관찰과 경험에 의존하여 발현되는 듯하다. 인간이 사고하는 내용의 과정은 지극히 감성적이고 충동적이지 결코 논리적이고 질서 정연하지 않기 때문이다. 그러나 오히려 이런 점이 생각지도 못한 내용을 결합해 창의적이고 새로운 개념을 만들어 내는 데는 유용하게 쓰이고 있다.

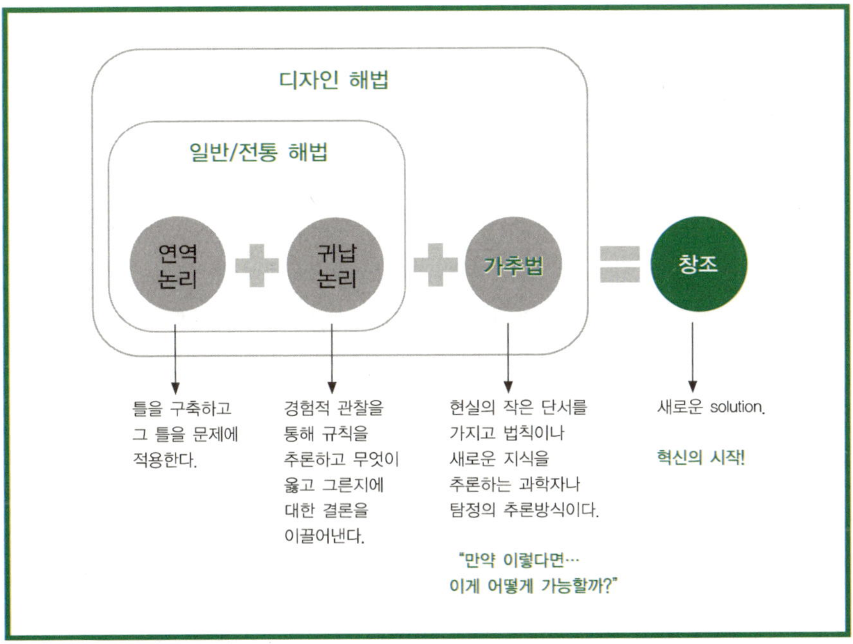

[그림 30] 디자인의 문제해법 기술

인간의 사고는 경영과는 다르게 차례대로 진도가 나가는 것이 아니므로 디자인 과정을 처음 경험하는 사람들에게는 복잡하고 혼란스러우며 무질서하게 느껴질 수 있다. 그러나 자연스러운 인간의 사고를 반영하여 반복적으로 단계를 오가며 언제나 변화하는 환경을 종합하여 더욱 나은 결과물을 만들게 하는 것은 전통적인 디자인 과정의 특색이다. 또 한 가지 디자인 과정의 특성은 이 모든 과정이 끝났다고 해서 문제점이 완벽하게 해결되지는 않았다고 생각하는 점이다. 그 시대와 상황에 맞는 잠정적인 해결안일 뿐 또 다른 결점이 발견되면 다시 시도해야 하는 순환적인 과정인 것이다. 이와 같은 문제들은 의도적으로 생성되는 것이 아니며 사회의 변화에 따라 발생하는 새로운 관계에서 필연적으로 나타나는 문제들이다. 인간의 삶에서 문제가 계속 나타나는 한 디자인 역시 지속적인 활동을 할 것이다.

표준화된 과정에는 규정된 프로젝트 단계, 시간의 제한, 알려진 결과 혹은 예상되는 결과가 있는데, 이들은 모두 실적 기준에 대하여 합의된 체크 리스트에 준하는 것이다. 표준화된 과정은 품질, 안전 및 효율의 수준을 높여 주며 그 제품과 품질 보증을 제공한다. 특히 실행 단계에 들어서서는 일의 효율성을 높여 주는 데 도움을 준다. 하지만, 표준 과정을 너무 엄격하게 따르는 것은 창의성과는 거리가 먼 '조립 라인' 해법이라는 결과를 낳을 수 있으며, 이런 경우 업무는 별다른 대화와 토론 없이 팀에서 다른 팀으로 선형적으로 넘겨지게 된다. 표준화된 과정은 프로젝트를 정해진 시간과 예산에 맞추어 끝낼 수 있게 해 줄 수는 있어도 디자인 창작 과정까지 표준화시킬 우려가 있다. 그러므로 일반적으로 표준화된 과정 모델은 작업 절차를 이해하고 개선하는 데 유용하며, 특정 과정에 대한 대화를 이끌어내는 데 활용될 수 있어야 한다. 하지만, 이 모델도 결국은 불변하지 않는 것은 아니고 특정 프로젝트,

- 머리 속의 지식과 세상 속의 지식을 모두 이용하라.
- 과제의 구조를 단순하게 하라.
- 일이 가시적이게 만들어라. 실행의 간격과 평가의 간격을 좁혀라.
- 대응 관계가 올바르게 만들어라.
- 자연스러운 제약 및 인공적 제약의 위력을 활용하라.
- 만일의 오류에 대비한 디자인을 하라.
- 이 모든 것이 잘 되지 않으면 표준화하라.

〈표 14〉 디자인 과정을 수행하기 위한 디자인 원칙(Norman, [디자인과 인간 심리, 1988])

고객, 그리고 사용자 요건에 적절히 맞춤화되고 적용되어야 한다.

디자인 과정은 디자이너와 디자인 매니저, 그리고 팀이 서로 다른 다양한 관점에서 문제를 정의하고 해결 방법을 찾는 상호 작용에 의해 생성되는 것이기 때문에 오늘날의 과정은 한 사람이 규정짓거나 행할 수 없고 불변하지도 않을 수 없다. 다만 서로가 합의하여 시간을 현실적으로 분배하되, 그 안에서 최적의 해법을 찾아야 하며 서로 협력하여 과제의 정확한 맥락과 제한 요건을 수행해야 한다.

지금까지 위의 글들에서 이야기한 디자인 과정과 가장 흡사한 것이 있는데, 그것은 바로 케니치 오마에(Kenichi Omae)가 The Mind of the Strategist에서 논하는 전략적 사고이다. 이 전략적 사고는 우선 상황에 연관된 모든 요소를 각각 명확하게 이해한 다음 인간 두뇌를 최대한 활용하여 그 요소들을 가장 자신에게 유리한 구조로 다시 바꾸는(Restructuring)것이라고 한다. 실제 세상에서 일어나는 현상과 사건들은 선형적인 모델에 맞지 않으므로, 상황을 분석하고 다시 규합하는 시스템 분석과 같은 단계적인 방법은 믿을 만하지 못하다고 한다. 가장 훌륭하게 전략적 사고를 할 수 있는 것은 비선형적으로 사고할 수 있는

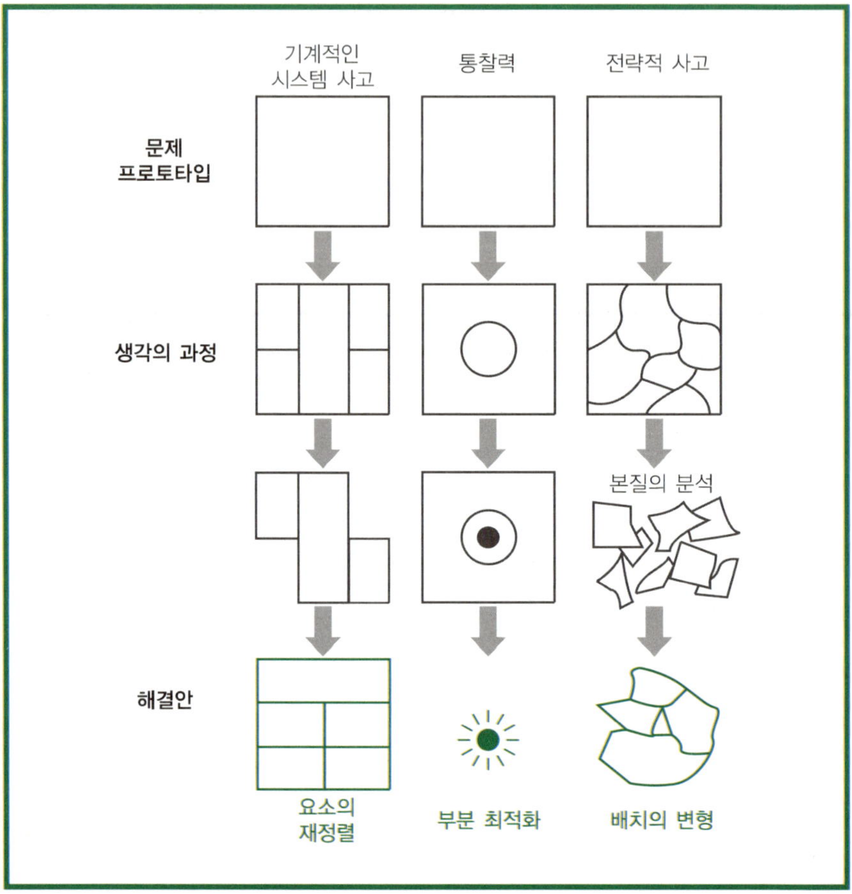

[그림 31] 세가지 종류의 사고 프로세스(Ohmae, [The Mind of the Strategist], 1982, p. 14)

인간의 두뇌이므로 진정한 전략적 사고를 하기 위해서는 선형적 사고 방식을 근거로 하는 기계적인 시스템 접근 방법과는 다른 방법을 써야 한다. 어렵고 전례가 없었던 문제들의 진상에 대한 논리적인 분석과 요소들을 비선형적으로 접근하여 적절한 조합을 통해 최상의 해법을 찾아야 한다. 이것이 시장이 낳은 난국과 기회에 성공적으로 대처할 수 있는 가장 효과적인 전략 수립의 접근 방법이 된다.

시장에서 경쟁 우위를 확보하는 데 있어서 혁신이 가장 효과적인 방법이고 그것을 이끌 수 있는 것이 디자인 사고라고 정의한다면 전략적 사고와 디자인 사고가 같다는 것은 결코 우연한 일치가 아니다. 다른 점이 있다면 디자인 사고는 대부분의 경영 대학원에서 가르치는 것과 같이 전략과 실행을 따로 분리하여 보지 않고 하나로 보지만, 전략과 실행은 상호 배타적이지도 순차적이지도 않으므로 둘의 우선순위가 없다는 것이다. 오류는 인간적이다. 기존 경영에는 오류에 대한 관용이 없다. 앞에서 언급한 디자인 과정을 다시 생각해 보자. 디자인 과정은 순차적이며 질서 정연하지 않다. 그것은 자연스러운 인간의 사고방식이며 문제 해결안의 혹시 생길지 모르는 오류에 대처하려는 방법이다. 따라서 실수의 연구를 통해서 디자인에 대한 교훈을 두 가지 끌어낼 수 있다. 하나는 실수를 미리 방지하는 것에 대한 것이고, 다른 하나는 실수가 일어났을 때 그것을 찾아내고 고치는 것에 대한 것이다. 지식의 많은 부분은 마음속 깊이 숨어 있어서 의식적으로 검사하여 밝힐 수 없다. 우리는 주로 우리 행동을 통해서 자신의 지식을 발견한다. 우리 자신을 시험함으로써 찾아낼 수 있고, 기억에서 사례들을, 즉 자가 생성된 사례들을 끄집어냄으로써 찾아낼 수 있다.

또한, 상상하고 머릿속에 있는 것을 그림으로 그려내고 구체화 시켜서 결과물을 만들어 낼 수 있는 과정과 기술을 가진 것도 디자인이다. 즉, 디자인은 아이디어를 통합하여 이상적인 해법을 내놓을 수 있는 혁신의 과정이자 협업의 도구이기 때문에 경영이 디자인을 핵심자원으로 활용하는 것이다.

응용된 기술 (Applied skills)	지식 (Knowledge)	과정 기술 (Processing skills)	가치 / 관점 (Values/Perspective)
• 실용적인 디자인 능력 • 창조적 기술 • 상업적 능력 • 발표와 보고서 작성 능력	• 프로세스 • 제재, 자료, 요소 • 시장 • 기술 분야 • 상업 분야	• 상상력 • 시각화 • 연구 • 분석과 우선순위 결정 • 시나리오 구성 • 적용과 개발 • 통합과 결합 • 직관적 사고와 행동 • 주주들의 요구를 이해, 조정 • 발표와 설득	• 위험 관리 • 독창성 • 미래 트랜드 예측 • 선행적 관계 개선 • 불확실성의 관리

〈표 15〉 디자인 기술의 유형
(Mozota, [Design Management], 2003, p11)

디자인 경영의 실천

(Understanding Design Practice)

PART 03

PART 03

디자인 경영의 실천

(Understanding Design Practice)

le Development
uthenticity
tic Thinking
n Thinkin

이전에 만들어져 있는 것들은 문제를 해결하려는 시작점이 될 수는 있지만, 최종 해결안은 될 수가 없다. 기존에 만들어져 있는 경영의 패러다임도 위와 같은 변화의 조건에 대입해 본다면 디자인 경영을 하는 시작점이 될 수는 있지만, 최종 해결안은 될 수 없다. 그렇다면 디자인 경영의 최종 해결안은 과연 어떤 것들이 있을까? 다음에 이어질 글들에서는 이 시대의 변화 패러다임과 함께 실질적 최종 해결안이 될 디자인 경영의 실천 방법을 소개한다.

오늘날은 인간을 위한 지속적이고 실제적이며 질 높은 가치 창출, 즉 진정성 있는 혁신이 기업들의 추구해야 할 목적이 되었다. 이것은 현대 사회가 기업에 요구하는 역할이 커짐과 동시에 기업이 사회에 발현하는 영향력이 증가하면서 나타나게 된 현상이다. 이 때문에 기업은 과거의 적게 투자하고 이윤을 많이 남기는 일면의 목적만으로는 더 이상 사회에서 살아남을 수 없게 되었다. 일명 경영의 패러다임 전환이 일어나고 있는 것이다. Kuhn(1962)은 패러다임이란 현상이나 사물을 이해하는 데 있어 독특한 규칙이나 사고의 체계라고 말했는데, 이는 전형적인 사고의 틀 또는 패턴으로 바꾸어 표현할 수 있다. 또한, 패러다임은 변화에 의해 지배적인 가치 판단 기준과 문제 해결 방식이 변화하게 되므로 과거의 패러다임 파괴 없이 근본적 혁신은 불가능하다고 할 수 있다. 따라서 기업이 혁신하기 위해서는 먼저 유용성을 상실한 전통 방식들을 과감히 버리고 새로운 방식으로 기업 전체를 전환해야 한다.

경영 방식을 전환하려면 우선 새로운 방법의 적용 범위를 한눈에 포괄적으로 이해할 수 있는 체계적인 모형과 실행에 옮길 수 있는 구체적인 단계 및 과정이 필요하다. 그러나 디자인 경영이 이상적임에도 실질적으로 적용 사례를 찾기 어려운 대표적인 이유 중의 하나가 애석하게도 이와 같은 모형이 없거나 과정이 명확하지 않기 때문이다. 기존의 독자 스스로 방법을 발견하게 하는 교훈(주관적 경험에 의해 터득한 지혜)들과는 달리 모형(Framework/Model)은 이론 전체를 통합적으로 포착할 수 있도록 도와줄 뿐만 아니라 구성 요소들의 구조, 상호 연관성, 그리고 흐름의 순서 및 패턴을 보여 주기 때문에 이해와 적용을 돕고, 나아가 새로운 지식과 변하는 상황에 맞게 재해석하거나 발전시킬 수 있다. 따라서 본론에서는 디자인의 가치를 경영의 수단으로 활용하고, 디자인 경영을 실천하기 위해서는 과연 어떻게 해야 하는지 디자인 경영의 실천적 모형(Framework)을 통해 그 방법을 제시하고자 한다.

디자인 경영의 실천적 모형은 필자가 기존에 나와 있는 여러 가지의 경영 혁신과 혁신의 핵심인 창의력에 관한 지식을 토대로 분석하고 재해석하여 만든 것이다. 디자인 경영의 모형을 만드는 데 있어 특별히 고려한 사항은 첫째, 디자인 경영의 다양한 본질·면모와 가치를 총체적으로 나타내야 하고, 둘째 실제로 실천할 수 있는 체계적인 방향을 제시하되 그 가이드라인 자체가 너무 구체적이어서 모형의 사용자들(경영자와 구성원들)의 시야를 좁히거나 창의력을 제한하면 안 된다는 점이다. 또한, 기업의 독특한 환경과 사용자의 기호에 맞추어서 사용할 수 있는 유연성을 가지고 있어야 한다. 어떤 경영 기법이든 모든 회사에 똑같이 적용될 수 없기 때문이다. 이 모형은 디자인 방법으로 비유하자면 초기 단계의 아이디어, 즉 '하이 콘셉트(High Concept)'와 같은 디자인 경영을 하기 위한 가이드라인이다.

3-1 디자인 경영자는 누구인가

경영 지식은 기본이고 디자인 지식이 필수로 있어야 하며, 디자인이 기업과 이해관계자에게 가져오는 가치와 열정을 이해하는 역량을 지니고 있어야 한다. 하지만, 디자인 경영의 핵심은 디자인 자원이고, 디자인 자원을 몸소 가지고 있는 사람이 디자이너라고 규정짓는다면, 이러한 측면에서 디자인 경영의 주체는 디자이너 출신의 경영자라고 할 수 있다. 따라서 디자인 경영의 이론을 이해하고 적극 활용 가능한 주체는 디자이너이며 디자인 학과에서 접근한 디자인 경영의 이론과 실제가 타당성이 있다고 하겠다. 이것을 구분 지으려고 하는 것은 어느 관점에서의 디자인 경영접근이 맞고 틀리냐를 따지는 것이 아니다. 디자인 경영으로 기업의 발전을 추구한다는 목적은 똑같기 때문이다. 다만 디자인 경영의 핵심은 디자인 자원을 통한 경영이기 때문에 경영에 활용 가능한 디자인 자원의 발굴과 경영에 적용시킬 수 있는 경영학적 안목이 필요하다는 것을 강조하기 위한 것이다.

3-2 디자인 경영 실천 프레임워크는 무엇을 위한 모델인가

21세기 경영의 역할은 높은 위치에서 자신들의 문제 해법을 찾고 구성원들에게 실행을 지시하는 것이 아니라 구성원들이 더욱 효율적이고 효과적으로 기업이 당면하고 있는 문제의 해법들을 스스로 찾아서 수행할 수 있는 기업 환경을 만들어 주는 것이다. 이러한 기업 환경은 전 구성원들이 보다 효과적으로 디자인 자원을 사용할 수 있는 환경으로 바꾸어 주는 역할을 한다.

디자인 경영의 프레임워크는 기업 내부와 외부에 존재하는 디자인 자원을 효과적으로 활용할 수 있는 인자가 기업 환경에 있는 것이 가장 중요한데, 이 모델의 목적은 미래에 조직 전반에 걸쳐 혁신을 추구하는 기업 문화를 배양하는 것이다. 또한, 기업의 핵심 역량과 관련한 아이디어 도출과 성공적인 실행에 집중하고 사회와 시장의 변화에 맞춰갈 수 있는 유연 적응형 기업, 미래 지향적이며 자기 교정적인 기업, 기업 내부 및 외부와 소통과 협업을 할 수 있는 개방형 기업, 기업의 이익과 사회 책임이 함께 가는 착한 기업, 그리고 사람들이 진심으로 원하고 실질적으로 필요로 하는 상품을 만드는 현명한 기업을 만들기 위한 목적과 필요성을 지닌다.

3-3 디자인 경영 실천 프레임워크는 어떤 모델인가

디자인 경영 실천 프레임워크는 개인에서 사회에까지 포괄적으로 적용되고 사용될 수 있는 보편적인 특성을 지니고 있다. 따라서 개인이나 사회에 디자인 경영 실천 프레임워크를 적용하면 그 상황에 맞게 적용할 수 있다. 하지만, 기업 구조 중 한 부문에서 사용하거나 기업의 관리직 중 몇 사람만이 사용할 경우에는 디자인 실천 프레임워크가 그 효과를 제대로 발휘하지 못한다. 기업이 지속적으로 유익한 일을 하고 그 일에 대한 인정을 받으려면 사고부터 행동까지 모든 것이 일치되고 진실 되어야 한다. 그래야만 디자인 경영 실천 프레임워크를 성공적으로 수행할 수 있다. 따라서 디자인 경영을 적용하여 긍정적인 성과를 거두기 위해서는 기업과 핵심 프로세스가 전사 차원에서 일치, 수행되어야 하고 지속적으로 일관성 있는 행동을 유지할 수 있도록 기업의 성격과 기업의 문화를 만들어 나가야 한다. 변화에 능숙한 문화를 만드는 것이 디자인 경영의 최종 목적이라고 볼 수 있다.

디자인 경영 프레임워크는 문화를 형성하는 기업의 핵심 유전자(Core DNA)를 바꿔서 조직이 환경과 상황에 유연하게 적응할 수 있도록 만들어 주는 시스템이다. 기업은 기업 활동을 하다 보면 한 번쯤은 장애물에 부딪힌다. 그러나 유연 적응형 조직은 그 장애물에 부딪히더라도 경쟁 상황이나 시장 혁신에 유연하게 대처하여 더욱 건강한 기업으로 발전하게 된다. 유연 적응형 조직은 시장의 변화에 신속하게 적응하고 일관성 있는 사업 전략을 추진하며 서로가 잘 연계, 조율되어 있다. 또한, 미래 지향적이며 자기 교정적인 시스템을 갖춰 주기적으로 변화를 예상하고 주도적으로 대처한다. 유연 적응형 조직의 위기와 위험에 대한 즉각적이고 철저한 대처는 대응하는 방식에서 다른 유형의 조직과 뚜렷한 차이를 보인다. 이러한 차이는 기업의 부분이 아닌 기업 전반의 변화를 가져오는 원동력이 되며 이를 통해 기업 경영자들은 혁신에서 전사적 관점의 접근이 중요하다는 것을 인지하게 된다. 이와 같은 전사적 접근 방법은 '혁신 전략'보다는 '혁신 모델'에 더 가까우며, 경영자들은 이를 '조직 전반에 걸쳐 계층화된 다면적 접근 방법'이라고 부른다. 단순한 혁신 부서의 설립은 기업을 성공으로 이끌지 못한다. 기업 전체 조직 내에 혁신이 속속들이 파고들어야 한다. 지속적 혁신이 필수라고 여기는 많은 기업은 혁신 전략을 별도로 갖고 있지 않는데, 그것은 혁신이 이들 기업의 근본적 가치에 내재해 있으며, 창조적 아이디어 개발 또한 일상 업무의 일부이기 때문이다. 혁신은 기업의 모든 업무의 핵심이므로 기업의 모든 사람이 각자의 위치에서 혁신해야 한다는 마음가짐으로 임할 때 비로소 창조적 기대치가 높아질 수 있다.

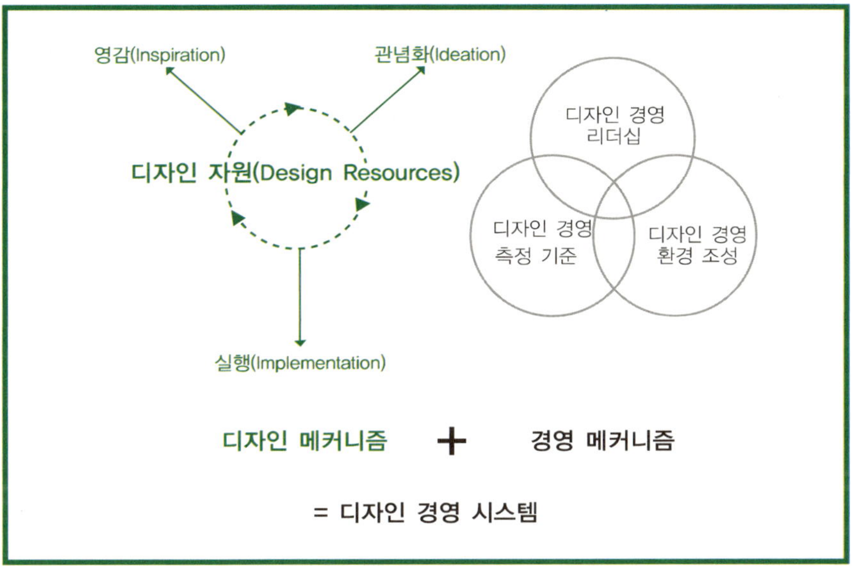

[그림 32] 디자인 경영 실행 프레임워크의 기본 원리

3-4 디자인 경영 실천 프레임워크의 기본 원리

1) 디자인 경영의 핵심 프로세스로써의 디자인 메커니즘

영감 → 관념화 → 실행으로 이어지는 세 단계의 프로세스는 디자인 가치관과 사고가 내면에 내포되어 우려져 나온 디자인 활동(디자인 과정과 기술)을 의미한다. 디자인 경영 프레임워크의 기본 원리를 설명하기 위해서 경영에 활용되는 총체적인 디자인 자원을 영감 → 관념화 → 실행의 프로세스로 표현했으며 이 책에서는 이를 디자인 경영 시스템을 만들기 위한 디자인 메커니즘이라고 칭하였다.

디자인 메커니즘은 기업의 질 높은 가치 창출, 즉 진정성 있는 혁신에 목적을 두고 있다. 전통적 경영과정에서 언제나 새로운 것만을 창조해 내려고 하는, 일면적인 이윤 창출을 하기 위해 정해진 절차를 똑같이 밟는 명령과 통제의 관리 활동이었다면, 디자인 메커니즘은 이와는 다른 성향과 결과물을 만드는 과정을 거친다. 디자인 메커니즘은 기존 경영이 다루기 어려워하는 다양함과 복잡성을 전제로 하는 디자인 경영의 핵심 요소이며 이것은 사례 깊고 통찰력 있는 결정과 실행, 그리고 기존 기술들을 재조합하여 소비자 만족을 위한 새로운 가능성을 제시한다. 또한, 복잡한 상황의 많은 제약을 다양한 지식체계의 협업을 통해 융통성 있는 해결책을 찾는 역할을 한다. 디자인 메커니즘은 아이디어 창출에서 구체적인 결과물을 얻는 데까지 전체를 하나의 유기적 프로세스로 엮어내므로 창조뿐만 아니라 혁신에 필요한 모든 사항과 지식 체계들을 균형 있게 하나의 시스템으로 다루고 있다. 여기에는 창의성 기반의 창조 경영을 비롯해 다양한 지식 축적 기반의 지식 경영, 논리 기반의 과학 경영, 확대된 상호 관계성(영향력과 이해관계자들)을 고려한 지속 가능 경영 등이 포함된다. 혁신은 잘 훈련된 활동의 결과물에 따라 그 성공 여부가 좌우되므로 적합한 해결책을 찾기 위해서는 어떠한 기반의 경영 방법을 채택하든지 상관없이 지속가능한 진정성 있는 혁신이 목적이라면 혁신의 중심 프로세스로 디자인 메커니즘을 적용해야만 하는 것이다.

2) 경영의 기본 인프라로써의 경영 메커니즘

1. **리더십** = 조직의 변화를 주도하는 힘(Catalyst : 촉매)
2. **환경 조성** = 조직을 움직이는/변화를 지탱할 수 있는 힘(Body/Structure 매체의 구조)
3. **측정 기준** = 조직의 행동을 안내하는 힘(Guideline : 지침서)

전사적인 경영 혁신과 관련된 여러 자료를 분석해 보면 경영 혁신과 가장 친밀한 연관성을 가지고 있는 경영 메커니즘, 즉 리더십, 환경 조성, 측정 기준, 이 세 가지로 볼 수 있다. 즉, 혁신적인 기업을 구성하고 있는 세 가지 요소라고도 할 수 있다. 이 세 가지 요소는 무엇을 중심으로 만들어졌느냐에 따라 경영의 내용이 결정될 수도 있으며 그 구체적인 내용 또한 달라진다. 이 책에서는 혁신 기업의 세 가지 요소를 디자인 경영 시스템을 만들기 위한 경영 메커니즘이라고 칭하였다.

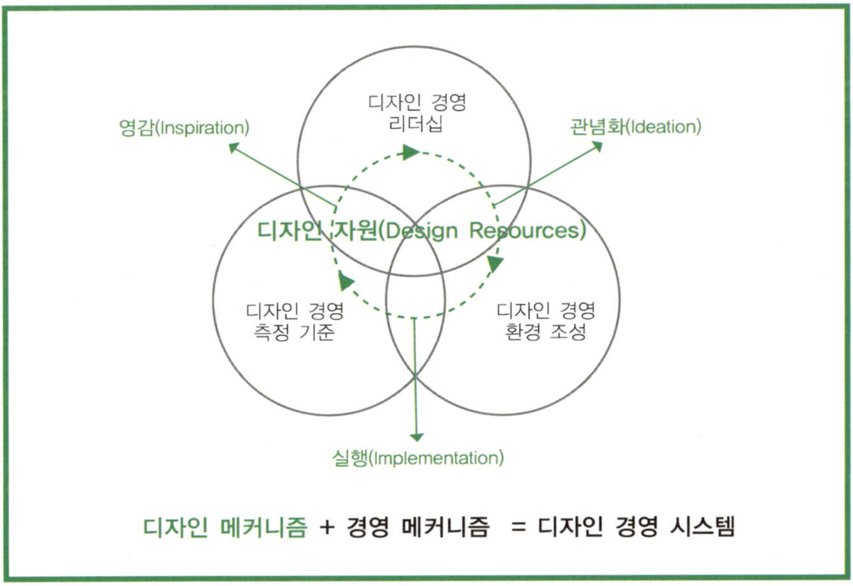

[그림 33] 디자인 경영 실행 프레임워크

3-5 디자인 경영 실천 프레임워크

디자인 경영의 전사적인 도입은 이른바 '경영 혁신'이다. 디자인 경영은 기업의 DNA를 바꿔 나가야 하는 작업인 만큼 전사적 차원에서 이뤄져야 하며 꾸준히 바꿔 나가야 하는 장기적인 프로젝트이며, 전환 후에도 지속적으로 유지해야 하는 운영 방침이다. 디자인 경영 실행 프레임워크는 디자인과 경영 메커니즘의 융합에서 오는 시너지 효과인데 그 중심에는 디자인 메커니즘이 있다.

어떠한 프로세스든 그 프로세스에는 목적이 있고 결과물이 있다. 그 목적이 무엇이냐에 따라 프로세스도 제각기 다르며 구성 요소들의 내용도 달라진다. 따라서 지속가능한, 진정성 있는 혁신을 위한 새로운 프로세스, 즉 디자인 메커니즘을 중심으로 경영하기 위해서는 기존 기업의 몸과 마음 즉, 경영 메커니즘이 알맞은 상태로 전환되어야 한다. 그렇다면 이 세 가지의 틀을 디자인 경영 리더십, 디자인 경영 실천을 위한 환경 조성, 디자인 경영 측정 기준으로 세분화하여 디자인 메커니즘 중심으로 한 달라진 경영의 내용에 대하여 알아보자.

1) 디자인 경영자의 리더십

기업 전사 차원에서 이루어져야 하는 경영 혁신 과정들이 모두 그렇듯이 디자인 경영의 실천은 기업에 있어 매우 큰 변화이다. 변화는 생존과 직결되어 있으므로 리더는 강한 리더십을 발휘하여 구성원들을 통솔해야 한다. 리더십을 제대로 발휘하기 위해서는 확실한 변혁의 방향성을 제시하고 변화가 시급하다는 것을 구성원들에게 인식시켜 자발적으로 변화하도록 유도해야 한다. 즉 모두가 공감하고 행동할 수 있는 비전을 제시하고 그 비전을 달성하기 위한 전략을 도출해 낼 줄 알아야 한다.

또한, 리더는 통찰력과 유연한 적응력을 길러 기업이 혁신을 잘 이끌어 나갈 수 있도록 해야 하며, 항상 조직 구성원들이 회사의 비전을 이해하기 쉽고 초점이 분명하며, 실제적이면서도 혁신적이라고 느낄 수 있도록 설정해야 한다. 구성원들이 그들의 능력을 최대한 끌어올려 조직에 공헌할 수 있도록 의식을 고양하고 조직에 구체적인 목표와 역할을 부여하여 달성할 수 있도록 하는 것이 가장 중요하기 때문이다. 따라서 조직을 이처럼 이끌어 나가기 위해서는 경영자들의 참여가 가장 우선적이며, 모든 경영자를 통솔하는 최고 경영자의 직접적인 참여는 문제를 극복하게 하고 목표 달성을 향한 행동을 시작하도록 하는 매개체가 된다. 아무리 큰 기업이라고 해도 최고 경영자 한 명에 의해서 기업의 성격과 모습이 결정된다. 그래서 기업이 전사적으로 변하기 위해서는 최고 경영자의 역할이 가장 중요하다고 볼 수 있다. 최고 경영자의 강력한 의지는 성공적인 변화를 이끌 것이다. 혁신에 성공을 이룬 GE, 노키아의 경우 모두 탁월한 통찰력을 갖춘 최고 경영자의 취임으로부터 혁신이 시작되었다. 즉, 최고 경영자는 기업의 변화를 이끄는 주동자이자 리더이므로 디자인 경영을 실천하는 첫 단계가 최고 경영자의 선출이라고 할 수 있다.

창의적 리더십 센터(Center for Creative Leadership)의 연구 결과, 어느 한 개인이 단독으로 경영진 자리의 영입 결정을 내렸을 때 성공 확률은 불과 35퍼센트였다. 그러나 넷에서 다섯 명으로 이루어진 영입 팀이 결정을 내리자 성공 확률은 55퍼센트로 올라갔다. 마지막으로, 고객과 부하 직원까지 참여한 소그룹이 경영진 자리의 영입 결정을 내렸을 때는 성공 확률이 70퍼센트까지 치솟았다. 따라서 디자인 경영의 최고 경영자를 선출을 할 때는 기업 구성원의 다양성 있는 지지가 필요하다.

조직의 변화를 추진해 나가는 것을 목적으로 하는 리더십이 점점 더 중요해지는 이유는 빠르게 변화하는 기업 환경에 대한 즉각적인 대응의 필요성이 높아지고 있기 때문이다. 월스트리트 저널의 보도에 의하면, 하드 스킬에 치우쳐 있던 MBA 학교들도 학생들의 소프트 스킬 향상을 위한 프로그램을 속속 도입하고 있고, 얼마 전까지 경영 전략, 재무 관리 등 '하드 스킬(Hard Skill)'에 치우쳐 있던 미국의 MBA 학교도 최근에는 인간관계 개발, 비즈니스 협상, 커뮤니케이션, 리더십 프로그램 등 개인의 대인관계 기술과 관련이 있는 '소프트 스킬(Soft Skill)'에 비중을 두고 있다고 한다. 이러한 양상은 리더십의 중요성을 인식하고 있다는 것을 보여주는 사례이다. 조직의 근본적이고 전반적인 변화를 가져올 디자인 경영을 실천하기 위해서도 리더십이 기업의 변화를 좌우하는 가장 크고 중요한 요인임을 알 수 있다.

창의적인 사람이 새로운 아이디어를 이끌어 낼 수는 있지만, 실제 조직에 창의성을 적용하기 위해서는 창의적인 경영자가 필요하다. 과거 일률적인 조직과 환경에서도 창의성이 있는 사람들이 많았을 것이다. 하지만, 창의성을 통솔하는 경영자가 많지 않아서 그 효과를 보지 못하는 경우가 많았다. 그러므로 창의성이 혁신으로 이어지려면 창의적인 생각을 할 수 있는 사람과 창의성을 구현할 수 있는 전문적인 사람이 함께 있어야 할 뿐만 아니라 이를 관리하고 리드 할 수 있는 경영자가 있어야 혁신으로 이어질 수 있다.

그렇다면 어떤 리더십을 가진 사람이 디자인 경영을 주도하고 이끄는 데 가장 이상적일까? 디자인 경영 실천을 위해 조직원들의 생각과 마음의 변화를 이끌어야 할 리더들이 가지고 있어야 할 요구 조건은 다음과 같다.

(1) 감성 지수 (Emotional Intelligence)

다니엘 골만(Daniel Goleman)은 What Makes a Leader? 에서 감성 리더십을 훌륭한 리더십을 이루는 최고의 덕목으로 소개하고 있다. 다니엘 골먼은 일대일, 혹은 일대 다수로 연결되려면 감정적 동조, 곧 공감이 필요하며 그것이 오늘날 리더들의 첫 번째 조건이라고 말한다. 그래서 그는 '근원적 리더십(Primal Leadership) = 감성의 리더십'이란 표현을 쓴다. 일반적으로 개인의 기술적인 능력, 인지적 능력, 감성적 능력이 조직의 성과에 영향을 미치는데, 그중에서도 감성적인 능력이 다른 것에 비해 약 두 배 이상 중요하다는 점이 밝혀졌다. 이것은 조직 구성원이 자신과 기술적이고 인지적인 능력은 다르더라도 감성적인 부분만은 서로 공감하고 이해할 수 있는 따뜻한 리더를 원하는 것으로 볼 수 있다. 이와 같은 마음을 움직이는 리더의 능력은 상대방에 대한 진정한 관심에서 비롯되고 구성원과 일대일로 연결해 줄 수 있는 매개체가 된다. 이것을 '라포르'라고 한다. 즉 '자연스러운 전달(Natural Projection)'은 능숙하고 매끄러운 말솜씨보다 더 빨리 진심을 전달해 줄 수 있고 사람들은 그 진심이 담긴 말에 귀를 기울이게 된다.

(2) 총체적이며 통합적인 사고방식 (Holistic and Integrative Mindset)

디자인 경영자는 우뇌, 좌뇌의 연관성을 두루 갖추고 경영을 하는 사람이다. 큰 그림을 볼 수 있어야 하며 개별적인 것을 조합해 새로운 연관을 지을 수 있어야 한다. 또한, 자신이 누구이고 어떤 일을 하는지 정확히 알고 얘기할 수 있는 실존적 지능도 높아야 한다. 그러나 리더가 반드시 그들 스스로 창의적인 아이디어를 내야 하는 것이 아니기 때문에 위대한 아이디어를 가진 사람과 회사를 경영하는 사람이 일치하지 않을 수도 있다.

빛나는 아이디어와 리더십을 모두 갖춘 리더를 '창의적인 리더'라고 하며(Howard Gardner), 혼자만의 독단에 빠지지 않고 다른 사람의 창의성도 인정해 줄 수 있는 안목이 필수적으로 요구된다. 또한, 디자인 경영을 실천하려는 경영자는 디자인학과 혹은 경영학과 출신 모두를 불문하고 그들의 강점, 약점을 잘 파악하여 업무에 효율성 있게 배치할 수 있어야 한다. 이러한 리더의 전체를 아우르는 총체적 사고방식은 각각의 업무에 적절한 인재를 등용하여 조직의 균형을 맞추고 유지할 수 있도록 해 준다.

(3) 용기 있는 리더십 (Courage)

용기는 강한 심장에서 나온 행동이다. 우리는 정말 하고 싶은 이야기가 있어도 자신에게 약점이 되리라 생각이 들면 모두 내면에 감춰둔다. 하지만, 타인을 이해하고 이끌어 나가기 위해서는 자신을 먼저 보여 주는 용기가 필요하다. 또한, 잘못된 일이 일어나면 바로 호루라기를 불 수도 있어야 하고, 위험을 감수하더라도 필요할 땐 사람들이 하기 어려운 이야기를 먼저 할 줄 알아야 한다. 이와 같은 용기만이 조직이 직면한 심각한 문제들을 해결해 줄 수 있다. 용기 또한 열린 사고와 열린 감성, 그리고 열린 태도에서 출발하는 것이다.

현명한 지도자들은 "모두의 선을 위해서 우리는 지성적인 마음과 감성적인 가슴을 통합시킵시다."라고 호소한다. 이러한 분리주의 신드롬에서 벗어나 열린 길로 가는 첫걸음은 조직의 한 사람으로서 자기주장을, 자신의 진심을 솔직히 말하는 것이다(Kahane, Adam, [통합의 리더십]).

리더에 솔직한 용기는 조직을 살릴 수도, 죽일 수도 있다. 진정 용기 있는 리더라면 전략을 바꿔야 할 때를 잘 알고 자신이 잘못 생각한 것이 있다면 늦기 전에 "내가 틀렸다(I was wrong)."라고 말할 수 있어야 한다(Rosabeth Moss Kanter, [자신감]).

(4) 현실적인 낙관론자 (Realistic Optimist)

리더는 현실을 파악하면서도 미래 지향적인 성향을 갖고 있어야 한다. 리더의 분위기는 정말로 전염성이 강하여(Daniel Goleman, [감성의 리더십]) 작은 변화도 조직 구성원들에게 불안을 줄 수도 있으므로 조직이 항상 긍정적인 분위기가 유지될 수 있도록 신경을 써야 한다. 이러한 열정적인 리더들 밑에서 일하는 사람들은 목표를 달성하는 것에 대해 낙관적이고, 창조적이며 능률적이므로 리더의 모범이 조직을 이끌어 나가는 중요한 요소가 된다. 리더는 가혹한 현실을 직시하고 조직에 긍정적인 생각과 자신감을 불어넣어 주어야 하지만 리더의 지나친 낙관주의로 말미암아 구성원들이 현실을 직면하지 못하게 하거나 반대로 냉철함만을 내세워서 구성원들의 사기를 떨어뜨리지 않도록 주의해야 한다.

분위기를 조성하는 리더는 '지성 측면의 회의론자이자 의지 측면의 낙관론자'로 균형을 이뤄야 하고 미래 지향적이어야 한다. 과거, 현재, 미래는 독립된 것이 아니라 서로 연관되어 있으므로 미래를 준비하기 위해서는 과거로부터 교훈을 배우고 현재에 효율적인 대처를 함으로써 내일의 성취를 이룰 수 있다. 오늘의 결정은 내일의 현실이 되기 때문에 과거의 잘못과 부족한 점을 깨닫고 보완하여 내일을 위한 초석을 만들어야 한다.

(5) 풍부하고 다양한 경험, 학습, 지식 (Abundant and Diverse Experience and Knowledge)

다양한 경험이나 학습, 지식은 공감을 형성하는 열쇠이며 이를 통해 다방면의 사람들과 교류하고 일할 수 있다. 경영 업무를 수행하는 데 있어 필요한 풍부한 경험, 업계에 대한 지식과 노하우 그리고 생산, 마케팅, 재무, 회계, 인사 조직 등의 일련의 경영 기능을 위한 전문 지식과 기업의 내부·외부 환경 등을 분석하는 경영 기술은 체계적인 학습에 의해 향상시킬 수 있는 능력으로 기술 지능에 속한다. 이러한 지능은 디자인 경영을 실천하기 위한 경영의 기본 역량이 된다. 디자인 경영의 중심은 사람에 있으므로 경영 지식뿐만 아니라 사람에 대한 깊이를 연구하는 인문학의 지식이 중요시되고 있다. 사람을 이해하고 어떤 것이 가치 있는지 알아내면 디자인 경영의 성공은 자연스럽게 따라올 것이다.

(6) 탁월한 커뮤니케이터이자 이야기꾼 (Excellent Communicator, Storyteller)

훌륭한 리더는 다양한 관점의 이야기를 경청할 줄 알고 자신의 솔직한 마음을 이야기하며, 스토리를 통해 사람들을 공감시키고 영감을 줄 수 있는 능력을 갖춰야 한다. 또한, 리더는 사람들에게 설득력 있는 스토리를 들려줄 수 있어야 하기 때문에 언어 지능이 뛰어나야 한다. 그리고 리더가 충분한 데이터를 제시하고 변화의 필요성을 언급하였을 때 제대로 목적을 이루어 나가기 위해서는 조직원들도 변화에 대해 이해할 수 있는 지능을 갖추어야 한다.

또한, 리더들은 자기 자신을 돌아보는 자성 지능을 갖춰야 한다. 사람들은 더욱 강력하고 매력적인 상대의 목적이나 가치가 마치 자기의 가치나 목적인 것처럼 동일해질 때 마음에 큰 변화가 일어난다. 이 현상을 Howard Gardner는 '동일화'라고 했다. 따라서 리더는 설득력 있는 화법과 스토리를 통해 상대방과 자신을 동일화시키고 그 스토리를 몸소 실천함으로써 신뢰를 얻어내야 한다. 높은 자리에서 비전과 전략을 선포하기만 하고 정작 그것을 실행할 때는 멀리서 구경만 한다면 진정한 리더라고 할 수 없다. 말 뿐만 아니라 솔선수범하는 리더가 진정한 리더이다. 실행은 생각의 끝이다. 기업들은 경영 방식의 새로운 유행을 쫓거나 어떻게든 풀리겠지 하는 헛된 기대를 품기보다는 실행에 집중하여 이미 가진 도구들을 최대로 활용해야 한다(Rosabeth Moss Kanter, [자신감]). 이것도 결국 리더의 진심과 공감대 형성에 관한 이야기라고 볼 수 있다. 직원들의 마음에 반향(Resonance)을 일으켜서 직원들이 리더와 같은 편이라는 느낌이 들게 해야 공감대가 생겨나고 그것이 신뢰로 변화한다. 새로운 방법을 도입할 때 담당자와 구성원들이 서로 부딪히고 소통이 잘 안 되는 이유도 공감대가 없거나 부족하기 때문이다.

따라서, 리더가 만들어 내는 좋은 분위기와 공감대는 조직 구성원들의 자율적인 행동 변화를 이끌어 내고 결국에는 기업에 긍정적인 변화를 가져오게 된다. 리더를 따르고 기업에 자발적인 발전을 가져오게 하는 힘은 서로의 이야기에 대한 공감에서 비롯되는 것이다.

(7) 디자인 경영에 대한 깊은 이해와 관심 (Passion for Design Management)

디자인 경영은 디자인 경영자 = '경영을 아는 디자이너', '디자인을 아는 경영자'로 나누어 볼 수 있으며 디자인 경영자를 위한 교육은 디자인 학과와 경영학과에서 학문적으로 접근하고 있다. 하지만, 디자인을 어느 쪽이 더 깊이 이해할 수 있느냐는 측면에서 본다면 '디자인을 아는 경영자'보다 '경영을 아는 디자이너'가 적합할 것이다. 왜냐하면, 디자인을 아는 경영자는 디자인을 학습할 수 있으나 디자인의 표면적인, 즉 교육에 의해서 개발 가능한 지식을 아는 것이지 디자인의 감성을 이해하여 표현하는 것은 어렵기 때문이다. 가지고 있는 것과 알고 있는 것의 차이로 보면 쉽게 이해할 수 있을 것이다. 그러한 의미에서 '경영을 아는 디자이너'는 '디자인을 아는 경영자'보다 더 효과적으로 디자인 경영을 할 수 있다. 따라서 디자인 경영은 디자인에 대한 열정은 물론 디자인의 성질에 대한 정확한 이해가 뒷받침 되어야 한다.

2) 디자인 경영을 위한 환경 조성

의욕적이고 팀워크에 뛰어난 인재들을 매료시키고 활기찬 업무 환경을 조성하기 위해서는 이에 알맞은 디자인 경영 환경이 필요하다. 업무에 알맞게 구성된 디자인 환경은 복잡한 문제를 해결하는 데 필요한 자원과 권한을 충분히 제공하여야 하며 구성원의 몰입을 지속적으로 유도할 수 있는 환경을 갖추어야 한다. 그리고 경영진들이 적극적으로 관심을 두고 인력과 시스템에 대해 지속적으로 투자하여야 한다.

앞에 언급한 리더십이 디자인 경영 실천을 위한 경영자의 기본 소양이라면 디자인 경영 환경 조성은 경영진이 기업을 디자인 경영 기업으로 바꾸어 나가는 데 구축해야 하는 기본적인 환경이라고 할 수 있다. 혁신적인 문화를 형성하고 디자인 경영의 성과를 내려면 그에 맞는 환경의 변화는 필수적이기 때문이다. 기업들이 현재 처해 있는 상황들이 서로 다르고 이루어 낼 수 있는 역량 또한 다르므로 어떻게 이러한 요구 사항들을 갖추어 나갈 것인지에 관한 구체적인 계획 및 실행은 기업의 특성과 상황에 맞게 경영진들이 설계해야 하는 과제가 된다.

기업의 조화라는 것은 기업 구성원 개인과 개인 또는 개인과 회사 사이에 기업 활동의 요소들이 잘 어울려서 균형을 유지하는 상태를 말한다. 하지만, 기업 구성원 개개인들은 모두 다른 특성이 있으므로 서로 다른 사람들을 하나로 묶어 공감대를 형성하여 조화를 이룬다는 것은 말처럼 쉬운 일이 아니다. 따라서 개인의 다양성을 인정하면서 공감을 이끌어 낼 수 있는 조화로운 환경 조성은 기업이 가장 중요하게 다루어야 하는 부문 중의 하나이다. 다양한 개개인의 목소리가 서로 공감할 수 있는 하나의 목표를 향해 갈 때 기업은 더욱 창의적이고 실질적인 결과물을 얻을 수 있기 때문이다. 예를 들어 재즈를 생각해 보자. 재즈 연주에는 드럼, 베이스, 피아노, 색소폰 등과 같은 다양한 악기들이 사용되고 악기들에선 각각 다른 소리가 난다. 연주자의 역량과 연주하는 방법에 따라 다르지만, 즉흥적이고 자유로운 재즈 연주의 경우, 각기 다른 악기 소리가 상황과 청중에 따라 유연하게 바뀌어 아름다운 화음을 낸다. 각각의 연주자가 하나의 아름다운 음악을 만들겠다는 하나의 공감대와 목표 없이 즉흥적으로 다양한 악기의 소리만 낸다면 음악이 아닌 소음이 될 것이다.

기업도 마찬가지이다. 개인의 다양성을 존중하고 인정하되 하나의 목표와 공감대를 향한 기업 전체의 일관성을 확보해야 한다. 즉 자유로운 무질서 속에서 조화로운 환경을 통해 질서를 확립해야 한다. 이러한 질서를 확립해 주는 시스템(반복되는 의사 결정 사항들의 일관성을 유지하기 위해 제시된 틀)과 문화는 조직 관리를 위해 사용되는 공식적인 프로세스와 절차들, 경영 관리 시스템, 성과 측정 및 보상 시스템, 기획, 예산 편성, 자원 할당 시스템, 정보 시스템 및 배분 시스템 등을 통해 이루어질 수 있다. 따라서 구조와 시스템은 구성원들의 행동을 체계화하고 특정 방향으로 유도하는 중요한 역할을 하게 된다.

디자인 경영 환경을 조성하기 위해서는 디자인 자원을 중심으로 기업이 움직일 수 있도록 모든 것이 전사적으로 바뀌어야 한다. 이번 장에서는 디자인 경영을 실천하기 위하여 기업이 바뀌어야 할 구조와 시스템에 대하여 구체적으로 알아보자.

(1) 인재 확보와 육성, 교육, 학습 시스템

기업이 성공하기 위해서는 다양한 능력을 갖춘 사람이 필요하며, 각자 맡은 역할에서 다양성을 최대한 발휘했을 때 시너지 효과가 발생한다. 개인의 다양함이 기업에서 긍정적으로 쓰이기 위해서는 똑똑한 새로운 인재의 등용도 중요하지만 이미 보유하고 있는 조직원들의 역량을 정확히 파악하여 재정비하는 것이 중요하다. 이는 기업이 혁신에 있어서 역량의 많고 적음보다 사람의 가치 활용에 더 많은 비중을 두고 있음을 뜻한다.

개방형 혁신 패러다임의 지적 자산 관리 모델에서는 자신의 사업 모델을 발전시키는 데 필요하다면 타인의 지적 자산을 활용해야 한다고 강조하고 있다. 또한, 이 모델에서는 기업 구성원의 핵심을 활용하는 것도 중요하지만, 무엇보다도 외부의 자원을 활용하여 구상된 비즈니스 모델에 더욱 많은 비중을 두고 있다. 따라서, 개방형 혁신의 관점에서 본다면 제너럴리스트(Generalist)로서 여러 기술과 경영, 그리고 디자인을 모두 아는 사람, 디자인 중심으로 기술에 대한 정보와 새로운 아이디어를 결합할 줄 아는 사람들을 키우고 육성해 나가야 할 것이다.

허만(Herrmann)은 사람들의 사고 스타일 선호의 프로파일을 측정할 수 있는 Herrmann Brain Dominance Instrument(HBDI)를 개발하여 개인의 교육, 취미, 직업 선택 등은 물론, 인재 선발과 육성, 직무 적합성의 판단과 리더십 훈련 등에 활용할 수 있도록 했다. 생리학적으로나 뇌신경학적으로 증명된 것이 아니라는 논란은 있지만, 두뇌 사용 유형의 선호 성향에 대한 직관적이며 수사학적인 모형으로 최근 그 유용성이 검증되고 있다. 이러한 모형이 조직 행동에 주는 시사점은 다양하다. 직무를 설계할 때 사고의 선호 스타일과 일치하도록 맞춰 줄때 동기 부여와 직무 성과, 그리고 직무 만족을 높여 주는 역할을 한다. 또한, 팀을 구성할 때에도 비교적 같은 생각을 하는 동질적인 사람들로 구성할 것인가 아니면 생각이 다른 다양한 사람들로 구성할 것인가에 대해 적절한 방법을 제시할 수 있다. 이와 같은 모형은 모든 후보자와의 많은 대화와 조사를 통하여 이루어지며 양쪽 다 많은 시간 투자가 요구되기 때문에 충분한 사전 조사가 필요하다. 사전 점검을 통해 서로가 맞는지 점검을 하면서 진행을 하는 것이 지속성의 중요한 요인이라고 볼 수 있다.

장기간의 성공을 위해서는 기업이 개인의 능력을 창의성과 운영에 따라 구분해 낼 수 있어야 한다. 창의적인 사고방식이 혁신의 핵심 요소이긴 하지만 지속적으로 성장해 나가기 위해서는 창의성과 운영 모두가 필요하기 때문이다. 지금까지 기업에는 운영 능력만을 가지고 있는 인재들의 숫자가 창의성을 발현하는 사람들의 숫자보다 압도적으로 많았다. 수학 공식과 같은 운영 방법은 그대로 배우고 익히면 능숙하게 사용할 수 있었기 때문이다. 기업에 창조성이 부족해지고 기업 체계들이 운영 위주로 만들어진 것이 바로 이 때문이다. 하지만, 부족한 창조적 체계의 중요성이 부각되어도 운영 체계 없이 창조적인 '행위'만 있으면 지속적으로 기업이 살아남을 수가 없으므로 어느 것이 더 중요하다, 중요하지 않다 쉽사리 말할 수 없다. 그러므로 기업의 핵심 능력을 뒷받침해 줄 수 있는 것은 운영을 잘하는 인재와 창의성이 풍부한 인재의 적절한 인력 배치로 인한 균형적인 경영 체계에 있다. 또한, 기업에 딱 맞는 균형점이라는 것은 없으므로 시대의 흐름과 기업의 규모에 따라 균형을 어떻게 유지해야 할 것인지 항상 고민하고 찾아야 한다. 그리고 기업의 외부와 내부 상황도 계속 변화하므로 기업 성향을 잘 파악하고 상황을 총체적으로 살피며 유용하게 사용하여야 한다.

상황이 변하면 그에 따라 사용되는 유용한 능력 또한 변화하고 기업 구성원들이 배워야 하는 교육과 학습도 함께 달라진다. 여기서 추구하는 교육과 학습은 기업의 관점에서 유리하게 사용될 수 있고, 조직 구성원들의 능력에 영향과 변화를 줄 수 있어야 한다. 세미나와 워크숍과 같은 방법으로 꾸준히 지속해 나가며, 조직 구성원이 언제든지 배우고자 할 때 기업이 그에 맞는 교육을 제공할 수 있어야 한다. 진보적이고 부지런하며 자신을 발전시키고자 하는 사람이라면 자신의 능력을 기르고 기업에 도움을 주는 교육에 적극적으로 참여할 것이다. 그리고 만약 그렇지 못한 사람이 있다고 하더라도 자발적으로 노력해 나갈 수 있도록 기업이 유도해야 할 것이다.

확고한 세계 최고 수준의 운영 효율성을 유지하면서도 창조적 혁신을 잘하는 기업이 되려면 먼저 '양손잡이 조직(Ambidextrous Organization)'의 도입을 적극적으로 고려해야 한다는 말이 있다. '양손잡이 조직'이란 자신만이 가지고 있는 특별한 능력을 키우는 데 필요한 기본을 이야기하는 것인데, 운영과 창의성의 적절한 균형이 그 요소에 속한다. 하지만, 사실상 운영과 창의성, 이 두 부분 모두 우수하기는 어려우므로 협력과 융합과 같은 단어가 21세기 키워드로 부상하고 있는 것이다. 물론 이 책에서는 창의성이 운영의 능력보다 많이 떨어지는 현실적인 문제를 극복하기 위해 기업의 창의적인 면모 개발에 중점을 두고 쓰였다. 그러나 운영 능력을 간과하여 창의성 위주의 새로운 것만 만들어 내면 체계적인 운영은 불가능하다. 무턱대고 창의성을 예찬하는 것이 아니라 새로운 것을 조합하여 혁신하기 위해서 최소한 무엇이 필요하고 보강해 나가야 하는지 알아야 한다. 한순간의 기발한 아이디어로 혁신에 성공하는 경우는 없다. 그에 따른 꾸준한 노력과 능력 있는 인재가 곁에 있어야 이 모든 것을 이룰 수 있다.

아인슈타인이 이야기했던 99%의 노력과 1%의 뛰어난 머리가 이루어내는 천재의 조건은 혁신을 위한 과정과 다르지 않다. 또한, 미지의 것에 대한 해답을 창의적으로 찾아내고 올바른 협업 방식으로 미래의 디자인 경영자들을 육성하기 위해서는 교육과 학습이 필요하다. 앞서 이야기한 것처럼 구미에 맞는 똑똑한 인재를 등용하는 것보다 기존의 인재들을 교육과 학습을 통해 기업이 바라는 능력을 발휘하게 하는 것이 더 지속성이 있기 때문이다. 자신이 속한 기업을 잘 아는 인재들이야말로 기업이 진정으로 바라는 아이디어를 낼 수 있고 남다른 애사심과 책임감으로 효율성을 극대화할 수 있기 때문이다. 또한, 사람의 능력보다 성격이나 기질에 더 밀접한 관련이 있는 창의성은 독특한 업무 방식과 지속적인 교육과 학습 때문에 평범한 사람들에게서도 얼마든지 비범한 성과를 거둘 수 있기 때문이다.

Peter Drucker는 '혁신은 순간적인 영감으로부터 비롯되는 것이 아니라, 주요 기회에 대한 냉철한 분석으로부터 비롯된다.'라고 말한 바 있다. 이것은 혁신을 이루기에 적합하도록 '기업가적 기질'을 선천적으로 타고난 사람은 거의 없고 오히려 혁신의 기회를 꾸준히 탐색해서 체계적으로 대처했던 사람들이 대부분이라는 의미로 해석된다.

그렇다면 어떠한 교육과 학습이 필요한가? 21세기가 원하는 것은 전통적인 개념의 읽고 쓰는 능력의 '과목 지식(Subject Knowledge)'이 아니라 '과정 지식(Process Knowledge)'이다. 지도자가 이미 알고 있는 사실만을 그대로 가르치는 시대가 끝나고 지식 정보 분석과 적용 중심의 교육으로 그 방법과 내용에서 획기적인 전환이 되어야 한다. 정보의 양이 많아지고 사회가 급변하는 외부환경 때문에 한 곳에서만 뛰어난 능력을 발휘하는 인재가 아닌 지칠 줄 모르는 지적 호기심을 가진 인재를 양성해야 하는 것이 더 중요해지고 있다. 그렇기 위해서는 기업이 인재를 양성할 수 있는 교육과 학습 시스템을 구축하는 것은 물론이고 여러 가지의 가능성이나 불확실성에 귀 기울일 수 있는 열린 마음을 가져야 한다. 즉 지식·정보화 시대에서의 교육은 앞으로 '발생할 수 있는 모르는 사실'뿐만 아니라 아직 그 '해답을 찾아내지 못한 문제'의 해답을 찾아갈 수 있는 과정의 교육이어야 하는 것이다. 또한, 지식을 나누고 교환하는 것에 대한 즐거움과 여러 사람이 문제를 함께 해결해 나가는 방법을 익힐 수 있는 교육이 되어야 한다. 이를 통해 구성원들의 장점을 찾아주고 적성에 맞는 분야의 일에 더욱 매진할 수 있게 하여 기업의 목표 달성에 공헌하는 인재로 키워나가야 한다.

(2) 유연하고 투명하고 신속한 협업 시스템

기업의 일은 분업과 협업을 통해 이루어진다. 분업과 협업은 일을 나누어 한다는 기본적인 의미는 같지만 일을 나누는 방식에 따라 각각 다른 장점을 갖고 있다. 분업은 하나의 일을 전문적으로 나누어 빠르게 제품을 생산하는 방식으로 각자의 위치에 맞는 일반적인 일의 분담이지만, 협업은 다양한 전문가들이 개입하여 다각적인 방식을 통해 일을 함께 추진하는 것으로 서로 다른 의미를 지닌다. 그래서 협업은 분업보다 새로운 일을 적용하고 처리하기가 수월하며 상황에 따라 유연하게 대응할 수 있다. 그러므로 완성도 높은 혁신적인 결과물을 더욱 빠르게 얻기 위해서는 여러 사람의 지혜를 모을 수 있는 협업을 우선시하고, 협업을 바탕으로 한, 협업을 위한 분업을 해야 한다.

협업을 위한 환경을 조성하는 것은 기업이 다양한 혁신을 지속적으로 추진할 수 있게 한다. 아무리 뛰어난 기업이라 하더라도 하루가 다르게 변화하는 기술들을 협업을 통하지 않고 따라잡기에는 투자 부담이 커지기 때문에 외부에 있는 기존 지식과 함께 협업하고 조합하여 개선해 나가는 것이다. 그러므로 다른 기업들이 만든 가치들을 자사 사업 방식에 최적으로 조합해 내는 것이 요구된다. 과거에는 다른 기업보다 새로운 지식과 정보를 먼저 얻는 것이 곧 이익을 먼저 창출하는 것이었다. 이렇게 한 기업이 독차지한 지식과 정보는 기밀처럼 여겨지며 짧게는 몇 년, 길게는 수십 년 동안 그 기업에 수익을 가져다주었다. 그러나 거대한 전자 통신망으로 지구촌이 하나로 연결되고 정보의 벽이 붕괴되면서 한 기업이 새로운 지식과 정보를 독차지할 수 없게 되었고 그에 따라 수익 기간도 자연스레 짧아지거나 없어지게 되었다. 이와 같은 상황에서 기업이 성공하려면 기업 내부의 핵심 역량뿐 아니라 기업 외부 역량을 조화롭게 활용하여 경제적 성과를 내고 제품 기획, 생산, 기술 개발, 마케팅 등 모든 기업 활동 전반에 걸친 다양한 핵심 역량의 협업을 통해 사회적, 환경적 성과를 이루어야 한다.

협업은 구성원 간의 협업과 외부·내부의 전문 영역 분야 간의 협업으로 나누어진다. 그러나 앞서 이야기했듯이 협업은 다양한 전문가들의 다각적이고 의식적인 사고로 이루어지는 것이므로 조직화한 시스템이 없다면 좋은 협업 구조를 유지하기 어려워진다. 인간은 서로 무관한 것들에 관한 의견을 한꺼번에 기억하기 쉽지 않기 때문이다. 그러므로 기억을 사용할 수 있는 범위를 넓히기 위해서는 협업을 하기 위한 내용을 조직화해서 하나의 구조로 만들어 작업 기억의 한계를 극복해야 한다.

협업으로 높은 성과를 보이고 있는 혁신 방법의 예로 개방형 혁신(Open Innovation)을 들 수 있다. 개방형 혁신(Open Innovation)은 자사의 핵심역량을 가지고, 기업 내부뿐만 아니라 외부로부터 새로운 아이디어와 기술, 제품, 프로세스를 확보하고 이를 상업화함으로써 혁신속도를 가속화하고 지적 자산의 활용도를 높이는 방식이다. 이것은 지식이 어느 한 기업에 독점될 수 없다는 점과, 사업화에 따른 위험이 어느 한 기업이 감당하기 어려울 만큼 커지고 있기 때문에 시장을 불확실성의 증가에 대처하기 위한 신개념의 연구 개발 산업의 키워드이다. 개방형 혁신을 하기 위해서는 기업에 맞는 기술 또는 연구자를 찾고 이를 연결하는 능력이 중요하며 내부나 외부에 무관하게 개발된 기술을 소화. 흡수하여 활용해야 한다.

이러한 협업 시스템을 제대로 활용하기 위해서는 마음속에서 의식적으로 저장 가능한 이해와 설명이 함께 수반되어야 하고 정보의 양이 많이 늘어날 수 있도록 체계를 갖추어야 한다. 이러한 무형 자산은 조직원과 그들이 모인 조직의 아이디어, 경험 등이 유기적으로 통합되어 효과로 나타나는 것들이다. 특히 새로운 상품과 비즈니스 모델을 창출해야 하는 경우 다양한 배경 지식을 가진 사람들이 모여 다학제적인 시스템을 구성해야 한다.

(3) 개방적이며 빠른 커뮤니케이션 시스템

협업을 위해 쓰이는 커뮤니케이션 시스템은 다음과 같이 3가지 핵심 역할을 한다. 첫 번째는 대화로 다양한 사람들 간의 지식과 정보를 공유, 교류하여 새로운 가치를 창출하는 데 기여하는 개방적인 쌍방향 커뮤니케이션의 역할이 있고, 두 번째로는 창출된 아이디어가 명확하게 전파되게 함으로써 구성원들이 실제 업무 수행에 적용하여 실행할 수 있도록 도와주는 역할이 있다. 즉 지식 간의 교류를 통해 자극을 주고 의도와 행동 간의 격차를 줄일 수 있도록 유도하는 것이다. 그리고 마지막으로 과정과 성과를 연관 지어 실행하여 배울 기회와 행동의 결과가 기업의 성과에 어떻게 기여하는지 알게 함으로써 소속감과 자신감을 부여한다.

개방적이며 빠른 커뮤니케이션 시스템을 위해 듣기와 말하기 태도를 변화시킬 수 있는 팁은 다음과 같이 10가지로 정리해 볼 수 있다(Adam Kahane, [통합의 리더십]).

- 자신의 존재 방식과 말하기와 듣기 방식을 주의 깊게 살펴라. 자신이 가지고 있는 선입견, 반응 양식, 불안, 편견, 투사에 대해서 자각하라.
- 당당하게 말하라. 자신의 생각과 감정, 원하는 바를 정확하게 인식하고 그것을 솔직하게 말하라.
- 모든 것에 대한 진리를 알고 있다고 생각하지 말라. 어떤 것에 대한 확실한 정보를 알고 있을 때도 말머리에 '내 생각에는', '내 견해에 따르면'과 같은 말을 집어넣어라. 자신의 지식을 너무 과대평가하지 마라.
- 조직 안에서 이해관계가 다른 사람을 만나 이야기하라. 자신과 다른 생각을 하는 사람들, 심지어 반대되는 생각을 하는 사람들을 찾아라. 안전하게 머물 수 있는 영역을 벗어나 그들과 교류하라.
- 조직 안에서 내가 맡은 역할에 대해 고민하라. 자신이 한 행동과 하지 않은 행동이 조직에 어떤 영향을 미치는지 시험해 보라.
- 다른 사람의 이야기를 들으면서 감정을 이입하라. 다른 사람의 관점에서 조직을 바라보라. 자신이 다른 사람의 입장이었다면 어떻게 했을 것인가를 상상하라.
- 자신과 다른 사람의 이야기뿐만 아니라 모두를 포함하는 커다란 전

체에서 나오는 목소리에 귀를 기울여라. 시스템에서 나오는 전체의 목소리에 귀를 기울여라. 가슴이 하는 말을 들어라. 가슴이 하는 말을 세상에 외쳐라.

- 말하기를 멈춰라. 대신 문제 옆에 캠프를 쳐라. 그리고 해답이 나올 때까지 기다려라.
- 긴장을 풀고 편안하게 존재하라. 자신의 지성과 감정과 의지를 열어라. 다른 사람이 자신의 마음을 만질 수 있게, 변화시킬 수 있게 자신을 열어라.
- 앞에 나온 방법들을 실천하려고 노력하라. 그리고 다른 사람과의 관계 안에서, 자신 안에서, 세계 안에서 무엇이 일어나는지 관찰하라.

(4) 과제 중심 팀제, 의사 결정이 분권화 된, 자율책임 기반의 수평적 · 수직적 구조

조직 구조는 기업 활동의 수행 과정을 전문화·세분화하고 그에 따른 권한을 분장하는 방식을 가진다. 조직에서 필요한 활동들을 부분화 하는 것은 전략을 실행해 나가기 위한 틀을 만드는 것과 같은 의미를 지닌다. 이 틀 안에서 조직 내 활동은 물론 구성원들의 역할과 책임이 결정된다. 그러므로 구조는 전략적인 협업을 위해 꼭 필요한 요소이며 이렇게 분업화된 조직을 하나로 묶기 위해 커뮤니케이션의 역할 또한 증대된다(Noranda, Konno, Tokuoka & Kawamura, 1992). 커뮤니케이션은 상대방과 공감대를 형성하여 소통하는 기술이자 기업의 가장 중요한 성공 조건으로, 커뮤니케이션 체계가 기업 내부를 상호 연결하고 사회 변화까지 만들어 낼 수 있는 기제이자 힘이라고 말할 수 있다. 의사소통은 사실을 전달하는 수단임과 동시에 의미 전달의 수단으로써 구성원들의 정보 해석의 결과나 의미, 그리고 문화적 가치관까지를 포함하고 있기 때문이다(Reifer & Mills, 1996). 조직은 혼자서 이끌어 나갈 수 있는 것이 아니고 언제나 공동체 안에서 이루어지므로 새로운 경영 방식을 접목하여 기업에 전사적인 변화를 일으키고자 할 때 전략적인 커뮤니케이션 시스템은 큰 힘을 발휘한다. 그러나 커뮤니케이션이라는 것 자체가 개인적이고 주관적일 수밖에 없어 어떠한 방식이 옳은지 정의를 내리기가 어려우므로 이 책에서는 커뮤니케이션 시스템을 구축하기 위한 가이드라인만 제시하도록 한다.

- 상부와 하부 구성원들 간에 벽 없이 의견을 교류하고 수렴한다. 벽이 없는 커뮤니케이션은 수평적 조직 구조를 만들어 줌으로 구성원들의 적극적인 참여를 유도할 수 있다. 구성원 모두가 주인 의식을 갖고 자유롭게 커뮤니케이션을 할 수 있는 구조는 능동적인 회사를 만들어 나갈 수 있는 촉매제가 되어 열린 대화 풍토를 조성한다.

- 업무 분야 간에 벽이 없는 구조를 만든다. 신제품 개발에 마케팅, R&D, 디자인, 생산, 영업, 구매, 경영 기획 등의 기능 조직들을 한꺼번에 투입시켜 언제나 함께 협력할 수 있는 개방된 구조를 만들어 주는 것이다. 이제 디자인은 시각, 제품, 공예 등과 같은 기초 디자인 영역 간의 구분은 물론 더 나아가 타 영역과 구분되는 담을 허물어야 할 시기이므로 영역 구분과 세분화보다는 연계되는 영역과의 관계를 더욱 잘 융합시킬 수 있는 자세가 필요하다(조동성, [디자인 혁명]).

- 암묵지의 이전과 공유를 위해서는 전달성이 높은 대면 접촉에 의한 의사소통이 더욱 효과적이다.

- 빠른 피드백으로 구성원들이 하는 일이 조직에 어떻게 기여하는지

실시간으로 보여 준다. 자신이 수행한 업무 결과를 즉시 알 수 있게 되면 긍정적일 때는 일에 대한 능률이 높아지고 부정적일 때는 스스로 교육받고 학습하려고 하는 시스템이 자연스럽게 조성된다.

- 개방적인 커뮤니케이션 시스템을 조직 내에서 국한하여 사용하지 않고 외부에서도 활용하여 사용할 수 있도록 한다.

(5) 물리적 업무 환경: 창의성과 협업을 위한 업무 공간

사람의 효율성은 여러 사례에서 증명된 것처럼 물리적 환경에 의해 영향을 받는다. 따라서 창의력을 높이고 혁신적인 결과를 내기 위해서는 창조적으로 일할 수 있는 업무 공간을 조성해 주어야 한다. 자극과 도전을 주고 구성원들의 다양성을 배려한 환경은 기업에 공헌 동기를 부여하고 창조적인 일터로 즐기면서 일할 수 있는 업무 공간을 만든다. IDEO의 대표 이사 톰 켈리는 혁신을 만들어 내기 위해서는 우선 혁신을 이룰 수 있도록 도와주는 공간의 창조가 중요하다는 사실을 강조하며 다음과 같이 말하고 있다. “기업들은 뛰어난 인재에게 보수를 많이 줘야 한다는 건 알고 있다. 하지만 재능 있는 사람이 일해야 하는 공간에 대해서는, 왜 봉급과 보너스만큼의 관심을 기울이지 않는가? 운동선수가 적절한 운동 시설을 필요로 하듯이, 마찬가지로 창의적인 직원은 창의적으로 일하기에 알맞은 공간을 원한다.” 업무 공간 제공을 회사에서 직원을 위해 기본적으로 지출해야 하는 것이라는 개념에서 직원들의 아이디어를 활용하기 위한 투자로 인식을 전환해야 한다.

이처럼 직원 간의 원활한 이야기와 소통, 그리고 창의적인 아이디어를 최대한 살릴 수 있는 조직 문화 개선을 위한 사무 공간을 만드는 것이 필요하다.

- 부서 간의 협업을 최대한 이끌어 내기 위해 개인 사무 공간을 줄이고 개방적인 공간을 늘린다.
- 다른 부서와의 소통이 쉽도록 접근성이 좋게 한다.
- 획기적인 아이디어는 업무 공간 이외에서 많이 발생한다고 한다. 직원들이 업무 이외에 다른 활동을 할 수 있는 문화 공간을 제공한다.
- 직원들의 영감을 자극할 수 있는 다양한 소재를 사용해 꾸미고 직원들이 몰입할 수 있는 개인 공간을 제공한다.

Jeremy Myerson & Philip Ross는 'The Creative Office'에서 새로운 변화에 따른 미래 기업의 창의적 업무 공간을 만드는 방법을 실내디자인 관점에서 고찰하였다. 이 방법은 창의적인 공간에서 노동형태 변화에 맞게 공동 작업이나 가변성 있는 업무를 가능하게 할 조건으로 팀(team), 교환(exchange), 이동성(mobility)이라는 3가지 주제어를 추출하여 창의적인 협업을 할 수 있는 공간을 디자인한 연구 사례로 들 수 있다. 창의적인 업무공간의 중요성을 인식한 기업들의 요구에 맞게 실내 디자이너의 많은 연구가 진행되고 있음을 시사하고 있다. 이뿐만 아니라, 구글이나 마이크로 소프트 사와 같은 창의적 업무공간을 위한 '창의놀이방'을 하나의 비즈니스 모델로 삼고 디자인 기획 및 설계 등의 업무를 수행하는 전문화된 건축설계디자인 회사가 생겨나고 있으며, 현재 국내에서도 창의성을 위한 업무공간을 만들어 운영하는 회사들도 속속 등장하고 있다.

창의적 업무 공간을 구축한 기업 예시 | '포스코 – 포레카(POREKA)'

포스코가 2010년 6월 23일 포스코센터에서 직원들의 창의력 향상과 창의문화 조성을 위한 놀이공간인 '포레카(POREKA)'를 확장 오픈했다. 포스코센터 동관 4층에 위치한 '포레카'는 이번 확장을 통해 기존의 공간은 휴식·재충전을 위한 리프레시 존(Refresh Zone)과 놀이를 위한 펀 존(Fun Zone)으로 공간별 콘셉트에 맞춰 명확히 구분하고, 창의적 영감을 얻고 업무에 적용시킬 수 있는 창조공간인 '플로 존(Flow Zone)'을 신설했다. 신설된 공간인 '플로 존'은 조직창의성 증진을 위해 대표적 사고발상법을 중심으로 인테리어를 구성했다. 아이디어 발산을 위한 브레인스토밍 룸(Brainstorming Room), 아이디어 수렴을 위한 케이제이 룸(KJ Room), 아이디어 통합을 위한 트리즈 룸(TRIZ Room), 아이디어 실행을 위한 트랜스포메이션 룸(Transformation Room), 업무 몰입을 위한 개인공간인 1/2인 사무실, 업무 협의와 상담을 위한 창의 카페인 크리에이티브 카페(Creative Cafe) 등 총 6개 공간으로 구성하여 '인문예술창작 프로그램', '프렘트워크숍' 등 창의력 증진을 위한 프로그램으로 직원들의 창의력 증진에 앞장서왔다.

직원들은 휴식과 창의적인 아이디어, 팀워크를 위해 언제든지 자유롭게 '포레카'를 이용할 수 있을 뿐만 아니라, 주말에 가족과 함께 참여할 수 있는 문화예술교육 프로그램을 운영하고 있다. (POSCO 신문, 2010)

[그림 34] 포스코 '포레카(POREKA)' 전경 사진

(6) 규범과 제도

규범과 제도라고 하면 보통 형식적이고 권위적인 느낌이 들지만, 이 또한 기업과 조직 구성원들 간의 이해와 동의를 통한 협력 구조에서 나온다. 따라서 규범과 제도는 기업과 구성원 모두를 만족하게 하고 증진하려는 기능을 가진다. 예를 들어 한 기업에서 프로젝트를 추진할 때 '열정만 지녀라. 시간과 자원을 충분히 확보할 수 있는 환경을 제공하겠다.'라는 약속을 한다면 기업과 구성원 모두 만족할 수 있는 범위가 생겨나는데 이와 같은 약속과 범위가 바로 이 기업의 규범과 제도가 되는 것이다. 기업과 구성원이 서로 존중하고 만족할 수 있는 범위 내에서 이루어지는 규범과 제도는 억압적인 것보다 그 실행 시기가 빠르고 최고 경영자가 바뀐다고 해도 지속성이 있다. 특히 새로운 방법이 도입되는 상황이 올 때 규범과 제도가 잘 형성된 기업과 그렇지 않은 기업은 현격한 차이를 보이므로 항상 지원하고 장려해야 한다.

- 창의성 발현의 걸림돌을 제거해야 한다. 하워드 가드너(Howard Gardner)는 '누군가를 창조적으로 만드는 것보다 창조적인 것을 막기가 훨씬 쉽다.'고 말한다. 이처럼 창의성을 발현하게 하는 것은 매우 힘든 일이므로 항상 자유로운 생각을 할 수 있도록 도와야 한다. 그리고 본래 창의성은 작은 실수가 반복되면서 더 나은 발견을 해나가는 과정에서 만들어지는 것이므로 규범과 제도도 이에 따라 유연해져야 한다.

- 멋진 실패에 상을 주어야 한다. 단 한 번의 생각으로 성공한 혁신은 없다. 시도와 실패는 디자인 프로세스 과정에서 당연히 거쳐야 하는 과정이고, 실패는 더 나은 결과를 가져다주기 때문이다. “I didn't fail. I successfully found 1000 ways it didn't work.” 이것은 아인슈타인이 성공을 위해 1000번의 실패 과정을 거치면서 이야기한 구절이다. 세기의 천재

라고 일컬어지는 아인슈타인도 실패를 통해 우리에게 혁신을 선사했던 것이며, 실패는 더 나은 혁신을 위한 자연스러운 과정이었던 것이다. 그러나 실수를 난발하거나 똑같은 실수를 되풀이해서는 안 되고 늘 새로운 실수를 해야 한다는 것이다. 그리고 이러한 실수를 용납하고 발전시킬 수 있도록 도와주는 보호된 환경(Safe Environment)을 조성하여 개인이 창의력을 발휘할 수 있도록 해야 한다.

- 아이디어 제안 체계를 확립해야 한다. 아이디어는 연구개발 부서나 마케팅 부서에서만 나오는 것이 아니다. 시장과 고객에 대한 관심과 통찰력만 있으면 누구에게든 발생할 수 있다. 따라서, 기업에 있는 모든 사람이 신제품이나 전략 아이디어를 제안하는 데 참여할 수 있게 시스템을 구축한다. 이는 지식을 끌어 모으는 것에 의의가 있었던 지식 경영의 타당성을 세워 준 결정적인 개념이다. 기업 문화에 걸맞게 섬세하게 만들어진 아이디어 관리 시스템은 사내에서 직원들의 목소리가 들리게 하고 중대한 기업 목표에 집중하도록 도와준다. 사례 연구를 보면 아이디어 관리는 최고 경영 측과 전문성을 바탕으로 한 혁신적인 아이디어를 가지고 있는 직원들, 그리고 그 아이디어들이 결실을 맺을 수 있게 해석·개발·인도할 수 있는 직원들을 묶어 주는 협력의 도구이다. 디자인 경영자의 가장 중요한 역할은 아마도 좋은 아이디어들을 선별하여 탁월한 결실을 볼 수 있게 해석, 개발, 인도하는 중간 관리자의 역할일 것이다. 아이디어 제안 체계 확립 및 관리는 디자인 경영자의 필수이자 기본 도구라고 말할 수 있다. 전사적으로 디자인 경영을 하려는 기업 최고 경영층과 실행을 하는 일군들을 오가며 조율할 수 있는 중간 관리자의 역할이 핵심이다. 즉 아이디어들을 끌어 모으는 것을 넘어 직원들을 업무 과정 전반에 지속적으로 개입시키는 것이다.

- 최고 경영자가 필요한 지원과 권한 위임을 다른 구성원들에게 제공한다. 상황과 시기에 맞게 빠르게 바꾸어 나가야 할 때 권한과 지원이 없으면 진행이 느려지므로 창의력을 증진시킬 수 없다.
- 프로젝트팀이 예산 및 자원 할당과 같은 외부 의사 결정을 쉽게 처리할 수 있는 체계적이지만 간소한 방법을 만든다.
- 몰입 촉진 요인을 파악하고 지속적으로 관리할 수 있는 제도를 마련한다. 사람은 누구나 자신이 하고 싶어 하는 일이나 의미가 있다고 생각하는 일에 집중한다. 이렇게 열정에 지식이 결합한 것을 '몰입'이라고 하는데 사람이 몰입 하는 순간 뇌에서 도파민이 분비되어 즐거움과 쾌감을 가져다주는 것이다. 이러한 이유로 사람들은 즐겁지 않은 일에는 오랫동안 집중할 수 없고 쉽게 지치게 된다. 싫어도 무조건 노력만 하는 것은 쓸데없는 에너지만 낭비하는 일이다. 에디슨이 82세의 생일날 "최초의 영감이 좋지 않으면 아무리 노력해도 신통한 결과를 얻지 못한다. 무조건 노력만 하는 사람은 쓸데없이 에너지만 낭비하는 셈인데도 이 사실을 아는 사람이 그다지 많지 않다." 라고 이야기한 것도 아마 이와 같은 이유일 것이다. 즐거운 몰입을 하기 위해서는 자신이 그 일에 가치를 둘 수 있는 요인을 찾고 지속적으로 관리하여야 한다.
- 프로젝트에 따라서 프로젝트에 가장 알맞은 핵심 역량을 가진 전담 프로젝트 팀을 재빨리 구성할 수 있는 유연한 조직 구조 제도를 만든다.
- 팀 구성원들이 프로젝트 시작부터 끝까지 참여하는 제도를 만든다.
- 전략과 실행 사이의 담을 허물어야 한다. 현명한 전략가들은 자신이 사전에 모든 상황을 파악할 만큼 현명하지 못하다는 사실을 인정한

다. 전략과 실행을 같이 진행하고 결과를 냉철하게 분석하고 수정해 나가야 하는 융통성이 필요하다.

(7) 보상 시스템

경영자들은 혁신 활동을 모든 조직 구성원들의 책무라고 생각한다. 하지만, 구성원들이 혁신이 자신의 의무라고 확실히 느끼기 위해서는 구성원들의 공로를 인정하고 보상해 주며 실제로 일정의 권한에 대해 위임을 해야 한다. 혁신 활동에 대한 자연스러운 분위기가 조성되었을 때 조직 구성원들도 비로소 자신의 책무를 받아들이고 매진할 수 있다. 기업이 조직 구성원들의 주도 아래 혁신을 이루는 방법은 여러 가지가 있는데 실제로 아래와 같은 다양한 방법으로 혁신에 대한 책임을 분산시킬 수 있다. 사람을 변화시키는 방법에는 보상과 벌이 있다. 변화하면 보상을 하고 그렇지 않으면 벌을 주는 행동이 사람을 변화 시킬 수 있다. 그러나 보상과 벌로 행동을 변하게 할 수는 있지만, 마음마저 바꾸기는 어렵다. 보상과 벌이라는 물리적인 요소가 제거되고 나면 사람들은 곧바로 이전의 모습으로 돌아가려 하기 때문이다. 그러므로 기업이 진정으로 변화하고 싶다면 구성원들의 마음도 보상해 줄 수 있는 자세를 가져야 한다.

따라서, 보상 시스템은 성과 주의(Incentive-Providing)에서 성공 공유(Success-Sharing)로 바뀌어야 한다. 조직 구성원들이 마음에서부터 주인의식(Ownership)을 갖고 신바람 나게 일에 몰두하기 위해서는, 금전적 성과 보상뿐만 아니라 기업 문화, 조직 운영 등 비금전적 측면 모두를 조직과 구성원이 함께 공유할 수 있는 성공 공유 메커니즘의 정립이 필요하다. 또한 구성원들이 조직과 함께 성장하고 있다는 마음을 가지고 내재적 보상을 받을 수 있도록 명확한 조직 문화를 구축하고 조직 문화에 적합한 인재 확보, 유지, 유연성과 신속성, 자율성과 책임성을 갖춘 조직 운영 메커니즘 구축, 그리고 궁극적으로 재무적 성과 공유가 함께 이루어지도록 해야 한다. '재미있고 도전적인 일', '내가 열정을 가진 일', '업무 과정에서 나의 주장이 반영될 수 있는 일', '주도권을 가지고 성취감을 느낄 수 있는 일'이 조직에서 구성원들의 입사와 근속을 결정하는 가장 중요한 요인임을 볼 때 성공을 공유하는 기업 문화 확립은 어떠한 보상보다 크다고 할 수 있다.

또한, 보상은 공평해야 한다. 각자가 최선을 다하지만, 공동 성과 배분에서 자신들에게 불리한 결과가 올 것이라 예견하게 된다면, 최선을 다하지 않고 자신에게 가장 이익이 되는 행동만 취하게 된다. 그 결과 산출되는 공동 이익은 최선의 결과가 아니라 차선의 결과밖에 얻을 수 없어, 협력에 참여한 모든 기업이 손해를 보게 된다. 따라서 공정과 성실함을 끊임없이 간직함으로써 부하에게 신뢰를 받는 일이 중요하다.

3) 디자인 경영 성과 기준 및 평가 기준

기업 성과 기준: 기업이 이루어 내야 할 기준
기업 평가 기준: 기업 성과를 높이기 위하여 평가하는 기준

기업의 성과 기준은 사람의 성공 기준이 사람에 따라 다른 것과 같이 그 가치의 기준이 기업에 따라 다르게 나타난다. 따라서 기업의 성과 기준을 보면 그 기업이 추구하는 가치가 무엇인지 알아볼 수 있다. 또한, 성과 기준은 기업의 질적 수준을 보장하고 유지하기 위해서 목표를 정하고 이행하겠다는 기업 이해관계자들과의 약속의 의미도 담고 있다. 이러한 성과 기준을 보장받기 위해서는 기업이 성과를 향해 가고 있는지 평가하고 측정해야 한다. '평가 없이는 개선도 없고 성과도 없다.'라는 말처럼 평가 기준은 기업이 더욱 발전할 수 있는 계기를 만들어 준다. 기업의 평가는 기업이 성과 기준을 달성하기 위한 것이므로 평가 기준을 보아도 성과 기준과 같이 기업이 어떠한 가치를 두고 있는지 볼 수 있다.

의식적인 주의력에는 한계가 있다. 즉, 한 가지에 주의의 초점을 두면 다른 것에 대한 주의는 줄게 된다. 이런 현상을 심리학자들은 '선택주의' 라고 한다. 주의 초점을 너무 좁혀 놓으면 굴속에서 밖을 보면 시야가 좁게 보이는 것처럼 주변의 것을 넓게 보지 못하게 된다. 또한, 좁혀진 초점에서 문제가 생기면 다른 요인을 배제하고 그것에만 주의를 집중하게 되는 경향이 생긴다. 과거의 경영 방식에서는 성과기준을 수익성 하나로만 좁게 정의하였고 영업보고서를 기업의 성과를 나타내는 지표로 사용하였다. 따라서 한 개의 축, 수익성만을 성과 기준으로 운영하는 기업은 주변의 활동과 상황을 고려하지 못해서 단기적인 성장은 가능할 수 있으나 장기적인 생존은 불가능해진다. 그러므로 기업뿐만 아니라 사회 속의 기업의 모습을 성과로 그려 낼 수 있도록 기업과 기업을 둘러싼 외부환경을 고려한 폭넓은 성과 기준이 요구된다. 달라진 기업환경에서 요구하는 폭넓은 기준을 가지고 있는 디자인 경영의 성과 기준에 대하여 알아보자.

(1) 디자인 경영의 성과 기준

수많은 생산업과 서비스업의 기업들이 전사적 차원에서 경영 혁신을 하려는 동기는 다음과 같다.

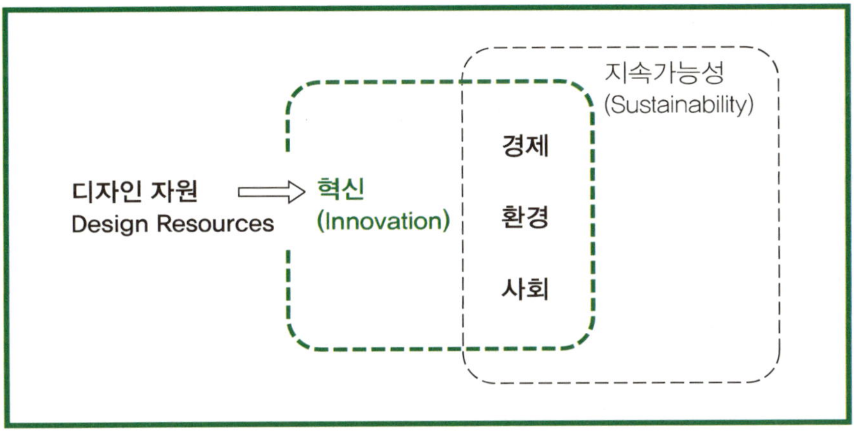

[그림 35] 디자인 경영 성과 기준

- 품질 향상 (Improved quality)
- 신시장 창출 (Creation of new markets)
- 제품 범위 확장 (Extension of the product range)
- 임금 절감 (Reduced labor costs)
- 생산 프로세스 향상 (Improved production processes)
- 자원 절감 (Reduced materials)
- 환경 파괴 및 공해 감소 (Reduced environmental damage)
- 제품과 용역 교체 (Replacement of products/services)
- 에너지 소비 절감 (Reduced energy consumption)
- 규정 배열 (Conformance to regulations)

연구결과에 의하면 신제품 개발은 기업이 하는 혁신 활동의 15% 이하 정도뿐이라고 한다. 기업이 혁신을 추구하는 목적은 기업 전사적 차원에서의 넓은 범위의 혁신부터 기업에서 생산하는 상품 차원에서의 좁은 범위의 혁신까지 모두 포함된다. 이러한 혁신은 제품, 서비스를 생산하는 기업뿐만 아니라 병원, 정부기관 등과 같은 조직에도 디자인 경영을 위한 성과 기준을 광범위하게 활용할 수 있다.

지속가능한 혁신은 경제, 사회, 환경의 지속가능성 이슈에 의한 새로운 시장, 제품 및 서비스, 프로세스, 조직구성, 기술, 비즈니스를 창출하는 것이라고 정의한다. 디자인 경영의 지속가능한 혁신은 지속가능성에 대한 진지한 고찰로부터 시작된 아이디어 생성, 연구, 발전되어 상업화에 이르는 모든 과정이 디자인 자원을 중심으로 적용된 개념이다. 일반 혁신과 다르게 디자인 경영 혁신은 고객에게 가치를 제공하는 신제품 및 서비스를 개발하고 상업화하는 데 필요한 기술, 조직, 마케팅 등의 모든 과정에 디자인을 혁신 사이클로 사용한다. 즉, 새로운 프로세스와 시스템의 채택이라고 볼 수 있다. 디자인 경영의 혁신은 오늘날의 삶의 가치뿐만 아니라 미래 세대들의 삶의 가치를 염두에 두고 있다.

(2) 디자인 경영의 평가 기준

디자인 경영에 대한 명확한 이해를 바탕으로 기업의 전략적 목표와 비전을 투영시켜 그 실행력을 높이는데 필요한 요인이 평가 기준이 된다. 평가 기준을 기반으로 디자인 경영의 추진 당위성에 대한 전사적 공감대를 이끌어 내고, 그것을 바탕으로 한 강력한 실행력과 추진력으로 디자인 경영을 성공으로 이끌어야 한다. 또한, 디자인 경영을 꾸준히 실행해 나가기 위해서는 디자인 경영 평가를 통해 자사의 위치를 파악하고, 문제점을 해결하여 개선해 나가려는 노력이 필요하다. 성과 기준과 평가 기준을 정하면 비로소 디자인 경영의 시작이면서 과정을 볼 수 있고 이에 따른 결과물도 예측할 수 있게 된다. 구체적이지는 않지만 디자인 경영에서 중요하게 다루고 있는 부분에 대한 평가 기준에 대하여 알아보자.

- 구매 영향, 감성 (Purchase influence, emotion)
- 전략, 신시장의 가능성 (Enable strategy, new market)
- 제품과 서비스의 혁신 가능성 (Enable product and service innovation)
- 명성, 인지도, 브랜드 가치 (Reputation, awareness, brand value)
- 시장 진입 시기 (Time to market)
- 소비자 만족도 (Customer satisfaction)
- 비용절감, 투자수익률 (Cost saving, return on investment, ROI)
- 소비자의 커뮤니티 발전성 (Developing communities of customers)
- 사용성 (Usability)
- 지속가능성 (Sustainability)
- 프로세스 개선 (Process improvement)

(3) 아이디어 평가를 할 때 사용하는 디자인 경영 혁신 체크 리스트

- 사람을 위한 것인가? (바람직한 가치성: Desirability)

흔히 무슨 일을 시작할 때 '첫 단추를 잘 끼워야 한다.'라는 속담을 떠올린다. 어떻게 시작하느냐에 따라 과정과 결과가 달라지기 때문에 시작점이 어느 무엇보다 중요하다. 디자인 경영의 성과 기준의 시작은 진정 사람을 위한 것인가를 묻는 진정성(Authenticity)에서부터 시작된다. 이것은 '사람의 질적 향상을 추구한다.'라는 디자인 가치관에서부터 나온 것이며 이러한 진정성에서부터 출발한 아이디어는 다른 사람에게 가치를 부여할 수 있으므로 혁신의 원초적인 시작 단계라고 볼 수 있다. 이것은 디자인관점에서 출발한 진정성이다. 이윤 추구라는 일면적인 성과 기준과 달리 '디자인 관점에서 출발한 진정성'과 같이 보이지 않는 무형의 것을 디자인 경영의 평가 기준으로 설정하는 것이 처음에는 좀 어색하게 느껴질 수 있다. 하지만, 이런 평가 기준의 설정은 기업의 문화를 바꿀 수 있을 만한 큰 변화를 일으키게 되고 이는 곧 기업의 성장과 성숙을 위한 구심점이자 충고와 격려를 해주는 길잡이 역할을 해주게 될 것이다. 다음 질문을 통해서 진정 사람을 위한 혁신인지 평가해 보자.

- 관찰과 체험을 통해 사용자의 필요와 욕구를 발견하였는가?
- 타인을 위한 가치를 부여하였는가?
- 사용자의 감성에 풍만함을 주었는가?

• 환경을 고려하였는가? (사회, 자연환경: Environment)

환경(사회, 자연환경) 평가 기준은 다른 평가 기준과는 다르게 기업 이해관계자와의 공존을 위한 활동성과를 높이는 데 의의가 있다. 이 평가 기준의 핵심적이고 차별된 점은 기업의 거시적인 파급효과를 사전에 평가한다는 점이다. 다음 질문을 통해 환경을 고려한 혁신인지 알아보자.

- 개인과 사회를 동시에 위한 것인가?
- 문화적, 도덕적으로 허용되는 범위인가?
- 사회의 반응은 어떠할 것인가?
- 환경 파괴 및 공해를 유발하는가?
- 재생 가능한 자원과 저탄소의 자원을 활용하고 있는가?
- 자원과 에너지 사용을 최소화하고 있는가?

• 기술의 활용이 잘 되었는가? (실현 가능성: Feasibility)

아이디어를 구체화, 실현해 내기 위해 필요한 기술을 잘 활용했는지에 대한 평가 기준이다. 기술은 아이디어를 구현하는 데 절대적으로 필요한 요소이며 이때 적용되는 기술이 독창적이고 난해할수록 혁신 수위를 높이는 역할을 하게 된다. 다음 질문을 통해 혁신을 위한 기술의 활용이 잘 되었는지 알아보자.

- 계획된 아이디어가 구현되고 있는가?
- 새로운 적용성, 유용성을 위해 적절한 기술을 조합했는가?
- 사용하는데 안전한가?
- 기술이 독창적이며 와해성 혁신의 가능성이 있는가?
- 안정성과 기능성이 좋은가?
- 사용자가 사용하는데 편리함을 느끼는가?
- 사용자의 상품에 대한 이해도는 어떠한가?

• 사업화 가능성이 있는가? (사업생존과 지속성: Viability)

혁신의 마지막 단계인 사업화를 위한 평가 기준이다. 아무리 좋은 아이디어에 기술이 뒷받침되었다고 하더라도 사업화에 의해 상품으로서 소비자에게 거래되지 않는다면, 가치 없는 무용지물이 되어 버린다. 이 평가 기준은 소비자 손에 전해 주도록 하는 결정적인 역할을 한다.

- 시장규모와 신시장 창출 가능성
- 시장성 및 판매전망: 동종 산업 동향 파악, 시장 규모 측정, 판매전망
- 수익성 및 경제성: 수익 전망, 손익 분기점 분석, 경제성 분석
- 자금 수지 및 성장성
- 법 제도적 타당성
- 자금수지 및 성장성: 자금수지 및 자금 조달 능력, 위험요소 분석, 시장 성장 가능성 분석

앞에서 설명한 네 가지 평가 기준은 서로 유기적으로 연결되어 있어 조화를 이루어야 비로소 하나의 평가 기준으로 효과를 얻을 수 있다. 실제 조직에 적용할 때는 각 조직의 특성이나 문화를 고려하여 독자적인 아이디어 평가 기준을 개발하여 설정하여야 한다. 가장 중요한 것은 조직 내 임직원들의 디자인 경영에 대한 올바른 인식과 실천하려는 노력이 있어야 하며, 이를 조직적으로 관리할 수 있는 조직적 역량이 필요하다.

친환경 정수기 자전거 콘셉트, '아쿠아덕트(Aquaduct)' | 아이데오

[그림 36] 아이데오(IDEO) – 아쿠아덕트(Aquaduct)

'아쿠아덕트(Aquaduct)'는 개발도상국들에서 물을 수송하는 동시에 정수될 수 있도록 개발된 페달 동력 수단이다. 자전거로 물을 길어 집으로 오는 동안 물이 정수되고 집에 도착하면 정수된 물을 실내로 나르기만 하면 된다.

이 자전거는 저수탱크, 필터, 연동펌프, 정수 탱크, 클러치로 이루어져 있다. 페달을 돌리면 연동펌프(Peristaltic Pump)가 커다란 저수탱크에서 물을 끌어들여 카본필터를 거치게 하여 물을 깨끗하게 만든다. 이 물은 정수 탱크에 모이게 되고 사용 시에는 정수 탱크를 떼어내어 사용한다. 물이 더 필요할 경우에는 빈 정수 탱크를 다시 부착하여 클러치로 페달 크랭크의 구동벨트를 조종해서 운전 중이거나 정지된 상태에서 물을 정수할 수 있다.

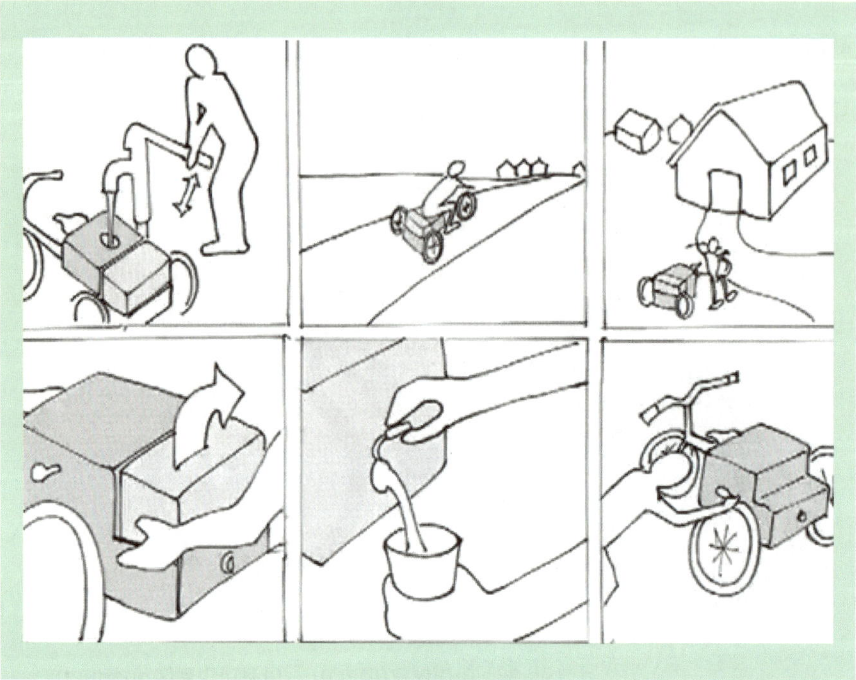

위 예시의 아쿠아덕트(Aquaduct) 자전거는 경제적 가치를 아직 얻지 못한, 즉 상업화되지 못하여 혁신단계에까지 이르지 못한 콘셉트 디자인이다. 하지만 이 자전거를 디자인 경영 평가 기준을 설명하는 예로 활용하고자 한다. 이 자전거가 현재는 아직 상품화 되지 않은 콘셉트 디자인임을 감안하여 살펴보면 사회, 환경, 경제라는 세 가지 축을 고려한, 그리고 디자인 자원을 활용한 혁신 콘셉트임은 분명하다. 세발자전거와 정수기 장치, 그리고 물을 담는 통과 물을 연결해 주는 호스 등이 자전거를 만드는 데 필요한 구성요소들은 이미 우리에게는 세상에 존재하는 흔한 것들이다. 하지만, 이렇게 흔한 구성요소들의 조합은 수질이 좋지 않은 물 부족 국가에서 물을 수송하고, 수송하는 동안 페달

의 힘으로 정수되는 자전거는 세상에 없었던 혁신적인 자전거를 만들어 내고 있다. 혁신은 아이디어가 결과물로 도출되어 사용자로 하여금 삶의 급변화를 가져오게 하는 것을 말한다. 분명히 이 자전거가 실제로 사용된다면 식수난을 겪는 사람들의 건강은 물론 삶의 생활 패턴이 급변할 것이다. 이 혁신적인 자전거가 탄생된 데에는 디자인 가치관과 사고가 녹아 있는 디자인 과정과 기술 때문에 가능했다고 할 수 있다. 디자인은 사람들의 숨은 문제와 욕구를 총체적인 사고로 발견하고 문제해결을 위한 여러 가지 시나리오를 그림으로 그려 낸다. 주어진 환경안에서 문제를 해결하기 위해 가능한 기술을 탐색하여 통합적 사고로 새로운 조합을 만들어 낸다. 이 과정에서는 프로토타입, 테스트, 렌더링 등 다양한 디자인 과정과 기술이 요구된다. 머릿속에서 상상했던 것을 실제로 사용 가능한 것으로 만들어 사용자의 삶의 형태를 급변화시키는 것은 디자인 자원의 역할이다. 다시 말해 진정한 혁신을 위한 도구가 바로 디자인이다. 따라서 디자인 경영의 평가 기준은 사회, 환경, 경제라는 세 가지 축 관점에서 질적 향상을 추구하는 디자인이 가져다주는 혁신이다. 이 혁신은 오늘날의 삶의 가치뿐만 아니라 미래 세대들의 삶의 가치를 염두에 두고 있다. 디자인 경영의 지속가능발전을 위한 세 가지 축을 의미하는 것이 아니라, 세 가지 축을 고려한 '혁신'이며, 디자인자원은 혁신을 이끄는 도구이다. 따라서, 도구로 활용 가능한 많은 디자인 자원을 발굴해 내야 한다.

오늘날의 디자인 경영은 오늘날의 삶의 가치뿐만 아니라 미래 세대의 삶의 가치를 염두에 둔 혁신이며, 기업의 단기적인 생존이 아니라 장기적인 지속 가능성, 그리고 성숙한 성상을 부여하게 된다는 점을 다시 한 번 강조한다.

디자인은 문제를 해결하는 독특한 방법을 가지고 있다. 이러한 독특한 방법을 디자인 자원이라고 하며 이 책에서 밝혀낸 디자인 자원은 디자인 가치관 지식으로부터 생성된 디자인 과정과 기술의 활용을 말한다. 기업에서 절실히 필요로 하는 것은 지속 가능한 혁신일 것이다.

디자인 경영은 기업 내부 전체가 디자인적 과정을 중심으로 변해야 한다. 그렇게 하기 위해서는 경영과 디자인 과정을 알고 디자인적 사고를 경영에 반영하고, 디자인 자원을 활용할 수 있는 디자인 경영 전문가가 필요하다.

조직 문화는 단순히 일시적 이벤트 행사가 아니고 모든 제도와 정책 하나하나가 연계되어 문화를 구성하는 것임으로, 부분적인 하나의 정답은 있을 수 없다. 기업의 가치관에 맞는 문화를 개발하는 것이 중요하다. 사람에게 인성이 있다면 기업에는 문화가 있다. 디자인 경영은 디자인을 활용하는 조직의 문화이다.

디자인 경영이라는 방법을 도입 후, 실질적으로 활용하고 성과를 보기까지는 상대적으로 긴 시간이 걸린다. 또한, 하나의 이론만으로 혁신이 창출되지 않기 때문에 무수한 지식과 융합되어야 하므로 강한 인내와 꾸준한 노력이 요구된다. 디자인 경영은 무수한 지식을 융합하여 혁신을 이루는 포괄적인 이론이기 때문에 지속적으로 발전할 가능성이 있다고 본다.

아이디어 평가를 할 때 사용하는 혁신 체크 리스트

(Pratt Design Management / Strategic Technology Class Handout)

1. 사회와의 관계, 연관성 (Social Relationship) - 지금 사회는 어떤 상태인가? 경제 가 좋을 때는 기술개발 투자도 함께 올라가고 소비자도 많을 것이다.
2. 상업화 가능성 (Commercial Viability) - 원가는 얼마이며 최종 가격이 적합한지, 그리고 소비자에게 그 가격의 가치가 있는지. 시장 규모가 받쳐주는지 등. MIT 대학교 기술의 상업성은 단 2%.
3. 환경 친화성 (Environmental/Sustainability) - 재정적인 면에서 원자원이 충분한가. 환경적인 면에서 공해가 되지는 않나.
4. 윤리, 도덕 (Ethical/Moral Factors) - 개개인들의 결정이 사용을 좌우한다.
5. 사용자와의 관계 (Relationship to Users) - 최종 사용자가 누가 될 것인가를 잊으면 안 된다.
6. 타이밍 (Timing) - 시기적으로 너무 앞서 있어도 문제. 예를 들어 Segway와 같은 경우 제품은 우수하나 보편화 시키기에는 가격이 너무 높으며 현재 일반 교통 제도에 맞지 않는다.
7. 차별화, 독창성 (Differentiation) - 기존에 나와 있는 제품들에 비해 뚜렷한 차이가 있어야 한다.
8. 자금력 (Funding) - 자금 부족현상은 제대로 능력 발휘를 하지 못하게 한다.
9. 이해도 (Comprehension) - 제품이 어떤 용도에 쓰이는지 이해하기 복잡하거나 어려우면 안 된다.
10. 타인에게 가치부여 (Value to Others) - 자신한테 아무리 많은 가치가 있다고 해도 타인이 제품을 보고 느끼는 '인지 가치'가 없으면 안 된다.
11. 현 상태를 완전히 뒤엎을만한 요소 (Displacement Factor) / 와해성 혁신 (Disruptive Innovation) - 새로운 기준을 세운다.

산업공예 디자인 경영 전략

(Industrial Craft Design Management Strategy)

PART 04

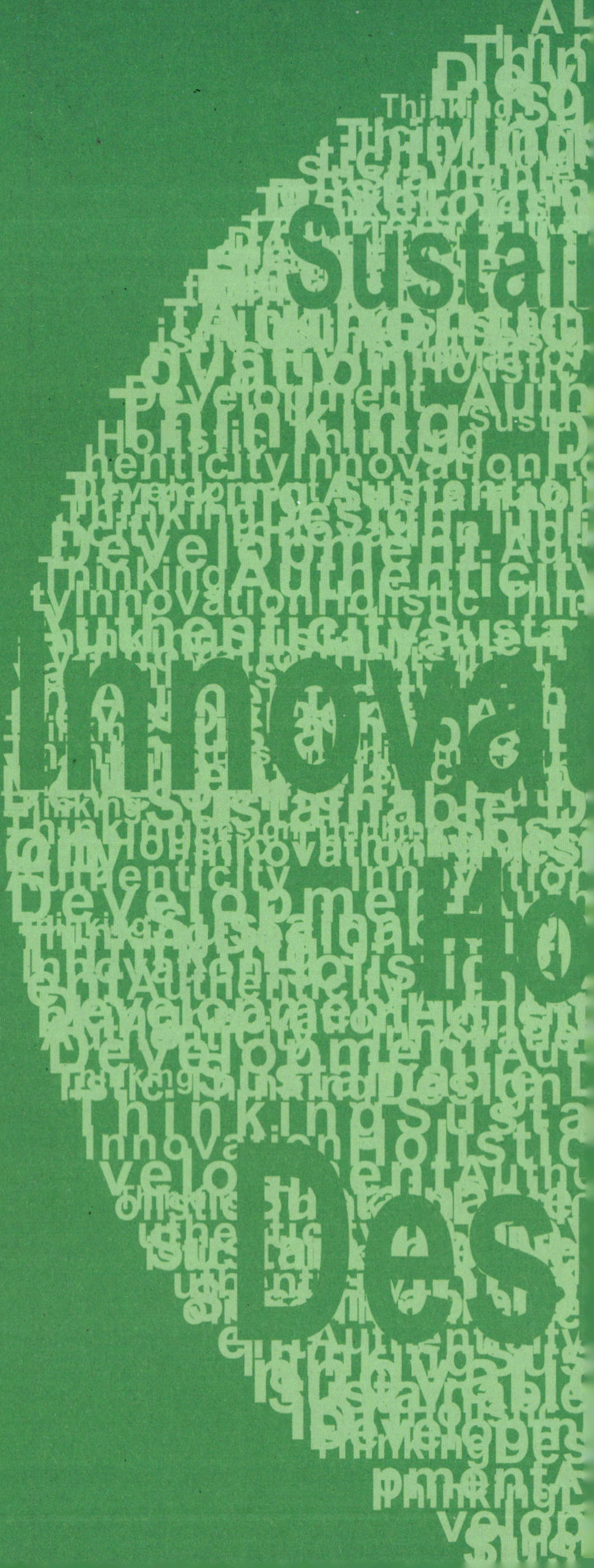

산업공예 디자인 경영 전략

(Industrial Craft Design Management Strategy)

PART 04

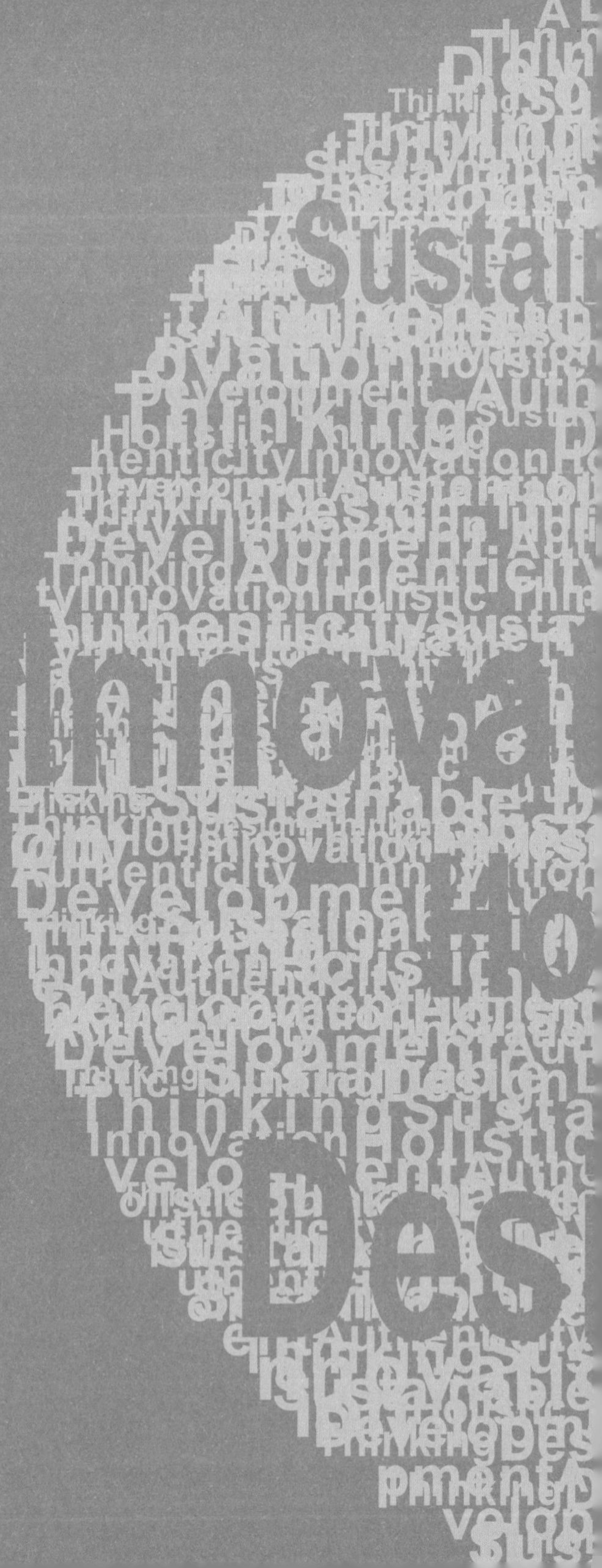

le Development
uthenticity
vation Sustainable Development Authentic
esign Thinking Sustainable Development
tic Thinking
n Thinking

4-1 산업공예업체의 경영적 특성과 경영 환경

현재 나타나고 있는 산업공예는 소비자의 요구와 상관없이 공예기술 위주로 개발하다 보니 쓰임이 없는 공예기술을 보여주는 제품으로 산출되어 시장성이 결여되고 있다. 또한, 산업공예에 활용되는 기술에는 소비자가 감당할 수 없는 비용이 책정되어 상업성도 떨어지고 있는 실정이다. 특히 유통과 판매, 가격 정책 등을 다루는 마케팅 측면과 고객에게 경험을 제공해 주는 브랜딩 측면도 전혀 고려되고 있지 않는 등 경영 전반에 걸쳐 여러 문제를 안고 있다. 즉 전문경영 제체가 도입되지 않은 비합리적인 경영으로 체계적인 기업의 운용이 되고 있지 않다. 이러한 문제점을 안고 있는 산업공예업체는 국가별, 산업별, 업체별 무한경쟁을 해야 하는 기업환경에서 디자인 경영을 도입시키고 활성화시켜 산업공예에 맞는 전문경영체제를 갖춰야 할 시점에 와있다. 산업공예에 맞는 전문경영체제를 도입시키기 위해서는 현재 산업공예업체의 경영적 특성과 경영 환경에 대한 연구가 선행되어야 한다.

산업공예업체는 본래부터 대기업과는 그 기업적 특징이나 경영상의 특성이 다르며 그 존립방식이나 국가 경제상의 비중과 역할도 매우 다르다. 일반적으로 산업공예업체는 매출액이 적고, 시장점유율이 낮아 소규모로 영세하게 운영되고 있다. 이러한 산업공예업체의 공통적인 경영적 특성을 다음과 같이 간단 명료하게 요약하였다.

- 산업공예업체는 체계적인 계층조직에 의해서 의사결정이 이루어지기보다는 비조직적으로 의사결정이 이루어지므로 최고경영자에 의해서 기업의 방향이 결정된다. 따라서 경영자의 경영 방법과 리더십이 중요하며 기업의 문화를 빠르게 바꿀 수 있다는 장점이 있

다. 특히 이런 기업의 경영 행동은 신속하고 유연성이 풍부하며, 경영자와 종업원은 깊은 인간적 접촉의 기회가 많아서 경영자가 훌륭한 기업가 능력을 발휘할 경우에는 환경변화에 신속하게 대응할 수 있고 사업구조를 변화시키기 용이하다. 그러나 체계적이고 조직적인 경영의 부재는 기업이 성장하는데 저해 요소가 된다.

- 일반적으로 전문경영 체제를 도입시키기 위해서는 소유와 경영이 분리 되어야 하고 이를 도입시키면 기업이 필요로 하는 기능이 분화되어 효율성과 효과성을 극대화 시킬 수 있다. 그러나 산업공예업체의 현실은 영세하여서 소유와 경영이 분리되지 않고 있어 전문경영 체제를 도입시키기 어려운 내부적 구조로 되어 있다.
- 산업공예업체는 자사가 보유하고 있는 고유공예기술을 중심으로 발전해 왔다. 공예가들은 자신이 수립한 기술적 목표에 달성하기 위하여 노력하고 희열을 느끼지만, 자신들이 만든 제품이 사용자에게 어떤 효용을 주게 될지에 대한 근본적인 물음은 갖고 있지 않다. 이는 사용자와 소비자에 중심을 두고 있는 디자인의 경쟁력과 비교했을 때 시장 경쟁력이 떨어져 시장 점유율이 낮아질 수밖에 없을 뿐만 아니라 자연적으로 선별, 도태될 수밖에 없는 것을 시사한다. 즉 개별 제품의 경쟁력이 결여 되어 있고 재료를 다루는 기법과 기술을 보여주는 형태로 진화되고 있다. 시장 및 소비자 욕구를 정확하게 포착, 대응할 수 있는 독자적인 경영 전략을 구축하고 실행할 때 산업공예의 경쟁력을 강화할 수 있고 확고한 존립기반을 확보, 유지할 수 있다.
- 산업공예업체는 일반기업이 보유하고 있는 경영자원에 비해 생산해야 할 상품의 절대량이나 용도의 범위에서 한정되어 있는 경향을 보인다. 공예업체는 공예산업의 경제적 · 사회적 · 문화적 가치를 인식하고 있어 그 가치가 발현될 수 있는 범위 내에서 다른 기업

의 제품과 경쟁하지 않는 시장을 목표로 하는 생산에 한정하여 투입해야 생존할 수 있다고 생각하기 때문으로 나타났다. 산업공예업체는 경영자원을 다른 기업이 진출하지 않거나 경험하지 않는 시장을 목표로 하여 생산에 한정하여 투입하여야 존립할 수 있다. 따라서 산업공예업체는 일반 기업이 진출하기 어려운 틈새시장으로 특성화 하거나 독자적인 공예기술과 기법 그리고 디자인으로써 제품을 차별화할 수 있을 때 자립된 경영이 가능하며 다른 기업과는 상호경쟁이 아닌 공생관계를 유지할 수가 있게 된다.

- 산업공예업체는 디자인을 중요한 전략적 경영자원으로서 잘 활용해야 하는데 불구하고 산업공예를 위한 디자인 경영 활용의 방법이나 시스템이 구축되어 있지 않다. 특히 산업공예 분야에서 실제적으로 디자인 경영을 실행하고 있는 기업이나 성공사례가 많지 않아 벤치마킹의 기회가 적을 뿐 아니라 산업공예와 디자인 경영과 관련된 심도 있는 연구 자료가 부족하여 디자인 경영을 도입시키기 어려운 실정이다. 특히 산업공예에 실제 적용 시킬 수 있는 다양한 형태의 디자인 경영은 개발 되어있지 않다.
- 현대에는 전반적인 소득향상과 개성화에 따라 소비의 다양화와 성숙화가 진행되고 있으며, 소비자는 자신의 기호나 편의를 적극적으로 주장하며 품질이나 가격 면에서의 경쟁뿐 아니라 감성과 편리성을 추구한다. 이와 같은 기업환경의 변화인 소비자와 사회 욕구가 다양화·고급화됨에 대처하기 위하여 기업들은 다품종 소량생산 체제로 전환하고 있다. 이것은 수공생산과 기계생산을 병행하는 산업공예의 특수한 생산방식과 맞는 체제로 산업공예는 미래 지향적인 산업이라는 것이 암시되고 있다.

4-2 혁신에 대한 이해

1) 혁신의 개념

조동성(1999)은 기업 간의 경쟁이 치열해지고 빠르게 변화하는 환경으로 인하여 다른 제품들과 차별화하려는 방법으로 선택한 것이 혁신이며, 혁신을 이용 가능한 여러 가지 사물이나 힘의 결합 방식을 변경하여 새로운 상품의 발명, 새로운 생산방법의 도입, 새로운 시장 개척, 새로운 자원개발 및 조직 개혁 등을 가져오게 하는 신 결합(New Combination)이라고 정의하였다. 이러한 혁신이라는 개념이 경영학에 도입되기 시작한 것은 Schumpeter가 기업의 전략으로써 혁신이 중요함을 강조한 이후에, 혁신이라는 용어가 보편적으로 사용되면서 혁신에 대한 연구가 점차 활발해지기 시작되면서 부터이다.13)

기업내적 혁신을 연구한 대표적인 학자인 Knight(1967)는 혁신을 제반환경과 조직이 변화를 수용하는 것이라고 정의하고, 혁신의 대상을 제품/서비스(Product/Service), 공정(Process), 구조(Structure), 사람(People)의 4가지로 구분하였다. 먼저, 제품/서비스 혁신은 새로운 제품과 서비스에 대한 것을 의미하고, 둘째, 공정 혁신은 조직의 업무, 결정, 정보 시스템에 적용 가능한 새로운 요인들이나 생산 과정의 기술 향상을 의미하며, 셋째, 구조 혁신은 조직 내에서의 업무, 권한 관계, 커뮤니케이션 시스템, 복지 시스템의 변화로 흔히 말하는 구조조정이 이에 속한다. 넷째, 사람 혁신은 해고와 고용에 의한 인사관리의 변화, 교육이나 정신분석을 통하여 구성원들의 기량을 변화시켜 조직에서의 행위 또는 신념이 변화되는 것이라고 하였으며, 이러한 4가지 유형 간에 서로 밀

13) 박주현. 디자인 중심의 혁신을 위한 디자인 가치에 관한 연구. 이화여자대학교. 박사학위논문. 2011. p.21

접한 관계가 있다고 하였다.[14)]

Amabile, Conti, Coon, Lazen과 Herron(1996)도 기업내부에서 이루어지는 내적 혁신이 중요함을 언급하면서, 혁신을 조직 내에서 이루어지는 창조적인 아이디어의 성공적 실행이라고 정의하였다. 그들은 특히 기업 내부의 인적자원이 중요함을 강조하였는데, 유용한 아이디어와 신기한 제품을 창조성(Creativity)으로 보아, 조직을 개인과 팀으로 구분하여 개인의 창조성과 팀에 의한 창조성이 혁신을 위한 출발점이 된다고 하였다.[15)]

그러나 기업 내적 혁신을 통해서 기업은 비용을 절감하고 능률을 향상시켜 조직의 효율성을 높일 수 있거나 기업이 생각하는 새로운 제품을 만들 수는 있겠으나 이것이 진정한 혁신인가에 대한 의문이 든다. 이러한 혁신은 기업내부 지향적인 혁신에 치우쳐 소비자에 대한 고려가 이루어지지 않은 것으로, 기업내부에서 성공적인 혁신을 이루었다고 할지라도 이를 소비자가 느끼고 인정하지 못하는 혁신이라면 아무 소용이 없기 때문이다. 따라서 기업은 기업내부에서 이루어지는 내적 혁신에서 탈피하여 소비자의 입장에서 혁신을 바라볼 수 있는 혁신연구가 필요하게 되었다.

2) 산업공예 혁신을 위한 디자인 경영

이처럼 아이데오의 혁신모델 이론은 디자인 사고로 설명된다. 앞에서 설명한 세 가지 단계((People Desirability, Technology Feasibility, Business Viability)는 서로 유기적으로 연결되어 있어 조화를 이루어야 비로소 하나의 혁신 이론으로 효과를 얻을 수 있다. 여기에서 주목해야 할 부분

14) Knight, K. E. A Descriptive Model of the Intra-firm Innovation Process. The Journal of Business, 40(4), 1967. pp. 478-496

15) Amabile, T. M. Conti, R., Coon, H. ,Lazenby, J. & Herron, M. Assessing the Work Environment for Creativity. Academy of Management Journal, 39(5), 1996. pp. 54-84

은 '진정 사람을 위한 것인가(People Desirability)'에서부터 모든 프로세스가 시작, 전개 된다는 점이다. 이 혁신모델은 오늘날의 삶의 가치뿐만 아니라 미래 세대의 삶의 가치를 염두에 둔 혁신이며, 기업의 단기적인 생존이 아니라 장기적인 지속 가능성, 그리고 성숙한 성장을 부여하게 된다는 점을 다시 한 번 강조한다. 아이데오 회사가 여러 산업분야의 여러 차원의 혁신에 성공할 수 있었던 이유가 바로 아이데오 만이 가지고 있는 디자인 사고를 활용한 자신들만의 독창적인 혁신 프로세스를 가지고 있기 때문으로 풀이 된다. 또한 이 모델은 진정한 혁신을 추구하는 것으로서 진지한 사람의 고찰로부터 시작된 아이디어를 생성, 연구, 발전하여 상업화에 이르는 모든 과정에 디자인 자원인 디자인 사고를 혁신의 핵심 자원으로 활용하고 있는 점에서 디자인 경영 사례로도 연구되고 있다.

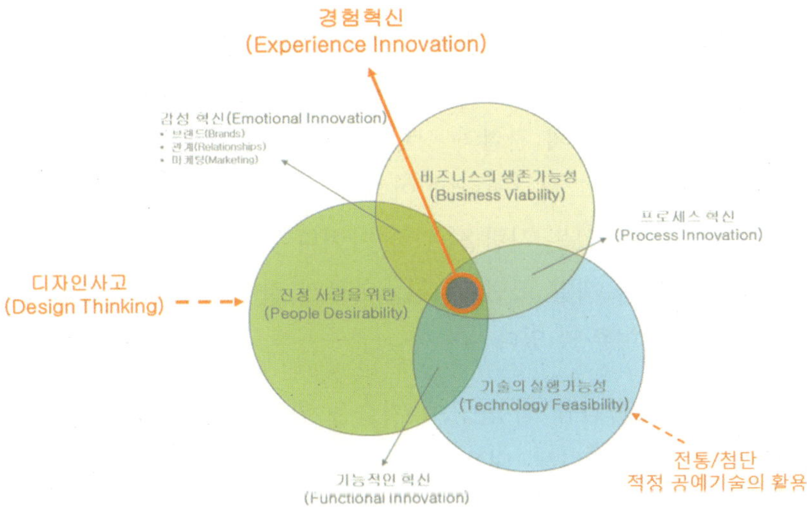

[그림 37] 산업공예 디자인 경영 모델 구축
출처: IDEO 디자인 컨설팅, 재구성

본 저서에서는 산업공예 디자인 경영 모델을 구축하는데 있어 아이데오의 혁신이론을 활용하여 두 번째 단계인 '기술의 실행가능성'(Technology Feasibility)에 공예적 요소와 기술을 전략적으로 활용함으로써 공예의 가치를 발현시키는 것을 중요시 하고 있다.

산업공예 혁신을 위한 디자인 경영은 진정 사람을 위한 것인가(People Desirability)라는 디자인 사고의 질문에서부터 시작된다. 흔히 무슨 일을 시작할 때 '첫 단추를 잘 끼워야 한다.'라는 속담과 일맥상통하는 부분이다. 어떻게 시작하느냐에 따라 과정과 결과가 달라지기 때문에 시작점이 어느 무엇보다 중요하다. 산업공예 혁신을 위한 디자인 사고의 시작은 사람이 원하는 가치, 즉 진정 사람을 위한 것이 무엇인가를 묻는 진정성(Authenticity)이다. 이것은 '사람의 질적 향상을 추구한다.'라는 디자인 가치관에서부터 나온 것이며, 이러한 진정성에서부터 출발한 아이디어는 다른 사람과 사회에 가치를 부여할 수 있으므로 진정한 혁신의 원초적인 시작 단계라고 볼 수 있다. 디자인 사고로 혁신이 시작되어야 하는 가장 중요한 이유는 진정성의 확보라고 할 수 있다. 이 단계에서는 사람의 관찰과 상황의 체험을 통해 사용자와 소비자의 요구를 발견하고 그 요구사항이 어떠한 가치를 충족 시켰는지 알아내는 단계로 진정성 있는 사람을 위한 아이디어가 발현 된다. 공예 기술 중심으로 제품을 개발 했던 것과는 다르게 사용자와 시장 중심으로 바뀌어야 함을 보여주고 있다.

다음 단계는 전통/첨단 적정 공예 기술을 활용하여 디자인 사고에서 밝혀낸 아이디어를 실현해 내는 과정(기술의 실현 가능성: Technology Feasibility)이다. 기술은 아이디어를 구현하는 데 절대적으로 필요한 요소이며 이때 적용되는 기술이 독창적이고 난해할수록 혁신 수위는 높아지게 된다. 따라서 계획된 아이디어를 구체화, 실현해 내기 위해 필요한 가능 기술을 탐색하고 조합하여 새로운 공예 기술의 체계로 승화시켜 활용하는 것은 혁신을 이끌기 위한 중요한 단계이다.

그러나 아무리 좋은 아이디어에 고급기술이 뒷받침 돼서 실현 시켰다고 하더라도 값이 너무 비싸거나, 유통하는데 문제가 있어 사업화에 실패하여 상품으로서 소비자에게 거래되지 않으면 가치 없는 무용지물이 되어 버리기 때문에 혁신이 될 수 없다. 혁신의 조건은 사람을 위한 진정한 마음이 담겨 있어야 하고, 실현을 위한 기술의 접목으로 세상에 없던 새로운 것이어야 하며, 결과물이 사용되어 사람들의 생활양식에 반향을 일으켜야 한다. 따라서 디자인 된 가치가 소비자 손에 전달 되도록 하는 것이 성공적인 혁신의 결정적인 요소가 된다, 따라서 제작과정과 방법, 시장규모와 신 시장 창출 가능성, 시장성 및 판매전망, 수익성 및 경제성, 법 제도적 타당성 등 사업 타당성을 다각적인 경영 측면에서 그 타당성을 사전에 검증하여야 한다.

결론적으로, 혁신은 디자인 중심으로 기업 전반을 경영할 때 가능해진다. 최근 수많은 기업이 혁신을 위한 방법으로 디자인 경영을 방법론 활용하는 이유가 바로 이 때문이다. 즉 디자인을 경영 혁신의 핵심수단으로 활용하는 차원의 디자인 경영이 혁신적인 기업을 탄생시킨다. 이러한 측면에서의 혁신에 대한 연구는 디자인 측면에서 활발히 이루어지고 있다. 혁신과 디자인은 소비자, 사용자, 그리고 기업이해관계자를 위한 새로운 무엇인가를 추구하고 있다는 차원에서 일맥상통하는 부분이 있기 때문이다.

4-3 산업공예 디자인 경영 4대 전략

경영의 핵심 수단으로 활용하는 차원의 디자인 경영(Management with Design)에 초점을 맞춘 것으로 산업공예와 디자인 경영의 가치를 모두 반영시킨 것이다. 따라서 산업공예 디자인 경영에 따른 기대되는 효과는 이때 활용되는 디자인의 활용가치의 기준에 따라 제품·서비스 차별화 역량 강화, 기업의 혁신 역량 강화, 조직의 역량 강화, 기업의 영리 역량 강화로 구분할 수 있다. 위와 같은 산업공예업체의 경영적 특성과 경영 환경을 고려하여 산업공예 디자인 경영을 도입시키면 다음과 같은 전략적 효과가 기대된다.

1) 제품 · 서비스의 차별화 역량 강화 전략

산업공예 제품·서비스의 차별화 전략은 공예의 소재와 기법을 활용하여 차별화된 디자인을 하고, 공예에 문화를 담아 공예 그 이상의 경험 가치를 창출 시키며, 기계생산 방식에 일부 숙련된 기술로 정성을 담은 수공생산 방식을 가미하여 사용자에게 인간적 감성을 자극하는 전략이다.

타인을 위한 가치를 생산하여 목적성과 상업성이 분명한 디자인에 대한 중요성을 인식하고 있기 때문이다. 이와 같이 디자인을 중시하는 개념은 자사가 보유하고 있는 고유공예기술을 중심으로 발전해 온 시장성 없는 산업공예의 문제를 근본적이고 전반적으로 변화시킬 수 있는 계기를 마련해 주고 있고, 공예에 디자인의 가치를 활용하여 차별화 했다는 점에서 산업공예 디자인 경영 인적/물적 기반 메커니즘의 디자인 인력 요소는 산업공예 제품·서비스를 위한 전략 구축하는데 매우 중요한 요인이 된다. 특히 제품·서비스의 차별화를 위해서는 정교한 공예 기술의 우수성과 인간적 정서와 문화의 전통성을 확보하여 제품에 대한 고객 만족 지수를 높이는데 주력해야 한다.

디자이너가 주도하는 자체 디자인 프로세스를 확보하고 시장성, 상품성이 있도록 관리하며, 납기일 준수, 연구노트의 진행, 조직의 운영방법이 개선 될 수 있도록 관리하는 것은 영세하여 체계적으로 경영하고 있지 않은 산업공예업체에 효율성과 효과성을 높이는데 중요한 요소이다. 이와 같이 디자인 프로세스와 관리를 중시하는 개념은 영세하여 체계적인 경영과정을 가지고 있지 않은 산업공예의 문제점을 근본적이고 전반적으로 변화시킬 수 있는 계기를 마련해 주고 있다는 점에서 디자인 관리는 산업공예 제품·서비스를 위한 전략 구축하는데 매우 중요한 요인이 된다.

제품·서비스를 위한 전략을 구축하는데 중요한 요인으로 나타난 것은 산업공예 제품·서비스를 개발하는데 있어 공예가치의 중요함을 인식하고 있기 때문이다. 이에 따라 새로운 공예 소재와 기법을 개발하여 제품·서비스에 적용시키고, 그 기술의 지적재산권을 확보하는 등의 노력을 통하여 산업공예업체 구성원의 공예에 대한 사명감과 책임감을 향상 시켜야 한다.

산업공예업체가 개선해야할 가장 중요한 사항은 소비자, 사용자, 그리고 기업이해관계자의 니즈를 충족시켜줄 수 있는 상품을 개발하는데 있어 제품에 대한 고객 만족, 브랜드 이미지와 자산, 그리고 새로운 문화와 라이프스타일을 창출시키기 위한 산업공예 제품·서비스 전략을 구축해야 한다.

- 공예의 소재와 기법 중심의 제품·서비스의 차별화

전산화와 신소재 개발의 보편화로 상품가격과 기능의 평준화가 이루어지고 있어 독창적인 외형 디자인과 소재에 따른 새로운 기법의 적용이 경쟁력의 핵심이 되고 있다. 공예는 소재와 기법을 연구하는 분야이다. 공예는 소재와 기법을 연구하는 분야로 오랜 기간 숙련의 과정을 통해서 공예기술을 습득하게 된다. 특히 산업공예 중소기업의 숙련된 전통공예기법은 제품의 성능 및 가격, 품질의 차이를 창조할 수 있는 지적기술이다. 그러므로 이러한 공예기술의 희소성을 기반으로 한 제품·서비스 개발은 차별화시킬 수 있는 역량을 높여 고부가가치를 창출시킨다.

- 문화적 관점에서의 브랜드 경쟁력 제고

산업공예는 우리 생활 속의 문화적 관점에서의 제품·서비스 개발 시 차별화 역량이 강화되며 사회, 국가적 차원에서의 브랜드 경쟁력이 제고된다. 지역의 고유한 공예 소재와 지역 고유의 문화자원과의 연계를 통하여 독창적이고 새로운 제품·서비스를 재창조할 수 있다. 따라서 문화가 녹아들어 있는 공예는 현대 수요자에게 문화적 정체성을 확립시키는 계기를 마련할 수 있고, 다른 나라의 수요자에게 기존에 보지 못한 새로운 문화를 수용할 수 있는 기회를 제공함으로써 공예 그 이상의 가치를 제공해 줄 수 있다. 문화적 관점에서의 제품·서비스 개발 시 차별화 역량이 강화되며 사회, 국가적 차원에서의 브랜드 경쟁력이 제고된다. 지역의 고유한 공예 소재와 지역 고유의 문화자원과의 연계를 통하여 독창적이고 새로운 제품·서비스를 재창조한다.

- 일부 수공생산을 통한 심미적 만족과 감성충족

기계적-기술적-과학적 합리주의에 점점 더 물들어가는 오늘날 공예는 인본주의적 감각을 되살리는 데 중요한 요소로 기계와 인간 사이에 대한 교정 수단과 균형감각을 제공하는 중요한 역할을 수행한다. 공예는 인간적 가치와 관계를 중요시하며 세상의 사물을 구현하는 방식 자체에 중요한 의미가 있기 때문이다. 장인정신을 가진 손을 통해 만들어진 사물은 문화적, 사회적, 시공간적 한계를 넘어서는 인간적인 차원에 놓이게 되고 인간적 기준으로 이해된다. 따라서 산업공예는 기계생산에 일부 수공생산 방식을 병행하여 심미적인 감성과 상업성을 동시에 충족시켜 제품·서비스 자체에 인간의 감성가치를 부여한 가치를 창출 한다.

2) 기업의 혁신 역량 강화 전략

디자인 프로세스를 경영 전반에 활용하기 위한 것으로 사용자와 이해를 바탕으로 향상된 제품과 서비스를 혁신시킴은 물론 복잡한 이해관계자가 얽혀 있는 비즈니스 모델을 창출시키는 기능을 내포하고 있다. 결국 디자인은 그 역할이 확대되어 [그림 14]와 같이 가치를 창출하는 생산 시스템으로 까지 확대 해석되고 있다.

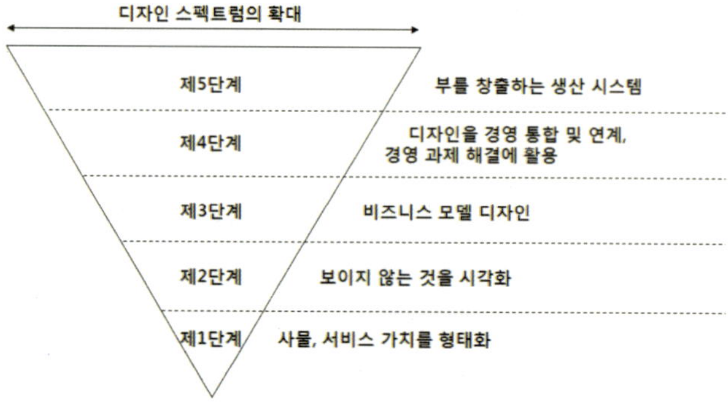

[그림 38] 디자인 스펙트럼의 확대
출처: 곤로 노보루. 노경아 역. 디자인사고. 스펙트럼북스. 2012. p.72

- 사용자의 욕구를 충족시킬 수 있는 산업공예 제품·서비스

제품·서비스 기획 시 고유공예기술 중심에서 사용자 중심으로 프로세스와 중요도가 바뀌게 된다. 즉 제품·서비스 개발 과정에서 사용자를 대변하고자 하는 의도가 있다. 이 프로세스의 중심은 디자인이며 디자이너의 사용자에 대한 공감에서부터 시작된다. 디자이너들은 소비자 대신 사용하는 용어는 사용자이다. 소비보다 사용이 중시되면 구매 후 사용이 어떻게 될 것인가에 초점이 맞춰지게 된다. 판매는 기업이 생산품을 통하여 이윤을 발생시키는 매우 중요한 대목이지만 디자인이 소비보다 사용을 더 중요하게 생각하는 이유는 그 소비가 일회적이지 않고 반복적으로 이어져서 더 큰 이익을 가져 주기 때문이다. 디자이너는 사용자 욕구를 충족시키기 위하여 노력한다. 따라서 디자인은 사용자의 욕구를 충족시켜 줄 수 있는 산업공예 제품·서비스 개발하는 데 중요한 수단이 된다. 즉 디자인 경영은 산업공예업체의 특성 및 시스템의 장점을 살리는 하나의 새로운 소프트 기술로서 디자인 경영에 의해 적극적으로 활용될 경우 그것은 사용자 중심의 상품 개발을 가능케 하고, 틈새시장 중심의 경쟁전략을 가능케 하는 등, 타사와는 차별화된 경쟁력을 확보한다.

- 산업공예 이해관계자를 위한 비즈니스 모델 디자인

디자인은 컨셉(제품개발), 제조 엔지니어링, 생산 시스템, 고객에 대한 제품 제공, 나아가서는 사용 후 폐기과정을 포함한 전체 프로세스를 통합하기 위한 지적 방법론으로써 중요하다. 디자인은 리엔지니어링으로 대표되는 논리적·효율적 사고와는 다르게 창조적이며 총체적인 사고방식을 사용하기 때문에 전체 프로세스를 이해하고 모든 산업공예 이해관계자를 위한 비즈니스 모델을 만드는 데 활용된다.

- 산업공예업체와 업계 전반에 산재하여 있는 복잡한 문제를 창의적으로 해결

디자인 프로세스란 '주어진 문제를 해결해 나가는 과정'을 의미한다. 디자이너들은 어떠한 과제이든 상관없이 모든 과제에 적용할 수 있는 체계적인 과정(Systematic Process)을 가지고 있다. 이러한 과정은 어떤 사람이 내재적으로 가진 신비로운 창의적 재능이 아니라 기법에 의해 배우게 되는 기술이다. 디자인 과정은 디자인 문제를 해결하기 위한 일련의 단계들로 이루어지며, 디자인 기법은 이와 같은 단계를 수행하는 데 있어 사용되는 적절한 기술로 이루어진다. 따라서 이러한 디자인 자원은 산업공예 전반에 산재되어 있는 복잡한 문제를 창의적으로 해결하는데 사용되는 중요한 수단이 된다.

- 디자인 중심의 마케팅 관리로 시장성 확보

고객의 니즈를 충족시키는 디자인 컨셉은 마케팅 컨셉과 일치하여야 하며 시장에서 소구될 수 있는 신규 니즈를 찾거나 새로운 방법으로 기존 니즈를 충족시켜야 할 경우 마케팅 컨셉을 잡는 제품 개발 초기에

디자인 중심으로 다른 부서와 협력해야 한다. 마케터는 사용자를 알기 위해 노력하지만, 제품을 직접 만들지 않기 때문에 사용자에 대한 이해가 다소 피상적일 수 있다. 따라서 디자인 중심으로 마케팅을 관리하게 되면 사용자를 이해한 상품을 창출할 수 있고 이는 곧 시장성을 확보하는데 중요한 수단이 된다.

- 디자인 중심의 브랜드 관리로 고객의 경험 창출

제품·서비스 가치의 차별화를 위해서는 제품·서비스를 차별, 구별시키는 역할을 하는 브랜드의 기능을 강화해야 한다. 브랜드는 소비자 개개인의 마음속에 들어가 그들이 기존 가지고 있는 사고방식을 바꿔 그들이 경험하고 있는 제품·서비스의 가치를 재해석하게 한다. 이러한 재해석은 사용자로 하여금 행동의 변화를 만들도록 하여 사용자의 마음의 점유율을 높게 해 준다. 즉 제품·서비스를 확장한 개념을 소비자와 제품·서비스가 만나는 모든 접점 포인트로 본다면 이것을 브랜드 관점에서 해석할 필요가 있다. 접점 포인트에서 발생하는 경험은 공간, 제품, 시각 디자인에 의하여 산출되기 때문에 브랜드 차원에서 디자인을 전략적으로 활용하여 새로운 브랜드 포트폴리오를 확장하고, 기업 및 상품이미지를 강화하여 고객 로열티를 확보할 수 있다.

3) 조직의 역량 강화 전략

디자인 경영은 기업 조직 전반을 변화시키는 기능을 내포하고 있다. 대표적으로 디자인 사고를 바탕으로 한 디자인 리더십을 활용하여 기업의 문화를 창의적인 기업으로 만들거나, 산업공예와 디자인 철학이 투영된 비전으로 조직원의 역량을 강화하기 위한 기업의 철학과 비전을 모색하는 한편 기업의 내부조직을 통합시켜 커뮤니케이션 회로를 만들어내는 데 활용된다.

- 디자인 리더십으로 협업하는 조직 문화로 개선

디자인 활동이 한 개인의 심미적인 조형 행위라는 범주를 넘어서서 마케팅, 공학, 판매 등 여러 분야의 전문가와 협조해야 하는 학제적인 팀에 의한 접근을 요구하고 있다. 다양한 전문가와 협업을 할 때에는 이 조직을 효율적인 관리해 줄 컨트롤러가 필요하다. 디자인 리더십은 다양한 분야의 여러 전문가의 목소리가 유기적으로 조화롭게 이루도록 함으로 협업을 하는 조직 문화로 개선을 하는데 디자인 경영을 활용할 수 있다.

- 디자인 전략 중심의 체계적인 구조화

조직 전체가 디자인 전략에 대한 공감대를 형성하고, 보다 창의적이고 발전적인 방향으로 나갈 수 있도록 한다. 디자인, 엔지니어링, 마케팅, 세일즈 부서의 의사결정이 디자인 전략을 중심으로 동시에 이루어지도록 하여, 목표 달성을 위해 충분한 의견 교환의 장을 마련해야 한다. 이를 위해 디자인 전략 중심의 조직 구조가 체계적으로 이루어져야 한다.

- 공예와 디자인 철학이 투영된 비전의 변화

산업공예와 디자인 철학이 투영된 비전으로 산업공예와 디자인의 가치를 기업이해관계자들에게 전달하는 것이 중요하다.

• 끊임없는 미래에 대한 도전과 변화

끊임없는 미래에 대한 도전과 변화는 디자인 사고방식이다. 이러한 디자인 사고방식은 항상 새로운 디자인에 대한 기대감을 불러일으키는 창의적, 혁신적 기업으로의 변화를 추구하고 있다. 이는 제품이 아닌 기업문화, 겉모양이 아닌 생각의 방식, 그리고 디자이너에 국한되지 않은 전 임직원의 창의적 사고와 행동을 포괄하는 의미다. 따라서 변화와 혁신의 마인드(Design Thinking)와 창의적인 행동의 방식(Design Acting)을 모든 임직원이 함께 공유하고 내재화해 창의적인 기업으로 거듭나는 것에 중점을 둔다.

• 기업 특유의 이미지 창출

기업 간의 격차나 제품 간의 성능과 기능, 차이 또는 가격과 품질 등에서 큰 차이가 없어진 오늘날, 디자인은 제품의 개성화와 기업이미지 향상에 디자인이 가장 유효한 수단으로 활용됨으로써 분명한 차이를 만들어내고 기업 생산 활동의 궁극적 목표인 제품의 구매를 결정짓는 가장 중요한 요소가 되고 있다. 소비자는 물품을 구입할 때 제품 및 기업의 명성에 의존하게 되면서 기업은 제품 및 기업의 이미지 향상을 위해 노력하고 있다. 특정 기업이 경쟁력을 갖추기 위해서는 타 기업과 차별화되는 기업 특유의 이미지를 창출해야 하는데, 이는 기업이 분명한 정체성을 확립하는 것에서 부터 시작된다. 소비자들은 사실상 직접적으로 접하는 제품을 통해 기업의 이미지를 접하므로 제품 정체성 구축은 기업의 핵심 전략이라 할 수 있으며 시각적 정체성은 기업과 제품의 정체성을 외부로 드러낼 수 있는 수단이 된다. 예를 들어 소비자는 제품을 사용하기에 앞서 시각적 정체성의 한 요소인 패키지 디자인으로 브랜드의 실물적 가치를 느낌과 동시에 기업과 제품에 대한 긍정적인 이미지를 평가하기에, 패키지 디자인은 기업과 제품을 대변하는 하나의 기호로서 존재하게 된다.

4) 기업의 영리 역량 강화 전략

산업공예에 디자인을 전략적으로 활용함으로써 산업공예의 무형자산 가치를 높이고 브랜드 자산을 증대시키는 기능을 확보할 수 있을 뿐만 아니라, 사회와 환경을 고려하여 지속가능한 발전을 추구하는 거시적인 관점에서도 디자인을 전략적으로 활용할 수 있다. 확고한 디자인 경영 체제를 통해 기업경영이 계획적, 조직적, 전략적으로 이루어지게 되면, 그것은 다른 기능부문에 대한 투자에 비해 비교할 수 없을 정도의 높은 경제적 효과를 내고 이는 기업경쟁력 제고에 크게 기여한다.

- 공예기술에 관한 특허, 지적재산권 / 브랜드 자산의 증대

기업의 무형자산 가치를 높여 브랜드 자산을 증대시키기 위해 디자인을 전략적으로 활용한다.

- 지속가능발전(경제적, 환경적, 사회적 가치 제공)

지속가능성이란 미래 세대의 필요를 충족시킬 수 있는 가능성을 보존하면서 현 세대의 필요를 충족시키는 개발이다. 이러한 지속가능한 발전을 언급할 때 지속가능디자인도 동시에 언급 되고 있다. 어떤 상품을 개발할 때에는 인간의 공통성과 한계성을 파악한 기반 위에서 인간과 인간의 관계 그리고 그 속에서 발생하는 사회 그리고 문화 특성을 반영해야 한다. 그 연장선상에서 사용자를 대상으로 디자인을 해야 한다. 따라서 디자인은 지속가능발전을 하기 위한 핵심 수단이 된다.

참 고 문 헌

- Amabile, T. M. Conti, R., Coon, H. ,Lazenby, J. & Herron, M.(1996). *Assessing the Work Environment for Creativity.* Academy of Management Journal.
- Churchman, C. W. (1968). *The systems approach.* NY. Dell.
- Cooper, R., & Press, M. (1995). *The design agenda.* England: Chichester.
- Dorst, K. (1997). *Describing design: A comparison of paradigms.* Delft: Delft University Press.
- DTI Economics paper No. 15. (2005). *Creativity, design and business performance.*
- Fayol, H. (1949). *General and industrial management.* London: Pitman.
- Gorb, P. (1990). *Design management: Papers from the London Business School.* London: Architecture Design and Technology Press.
- IDEO, a design and innovation consulting firm, www.ideo.com.
- Knight, K. E.(1967). *A Descriptive Model of the Intra-firm Innovation Process.* The Journal of Business.
- Koontz, H. (1961). The management theory jungle. *The Journal of the Academy Management, 4*(3), 174-188.

- McBride, M. (2005). *Design Management class handout.* NY: The Pratt Institute.
- Mckeown, M. (2008). *The truth about innovation.* London: Prentice Hall.
- Mozota, B. B. (2003). *Design management.* NY: Allworth Press.
- Nadler, G., & Chandon, W. J. (2006). *Smart question.* Seoul: Eiji21.
- Ohmae, K. (1982). *The mind of the strategist.* McGraw-Hill.
- Owen, C. L. (2006). *Design thinking: Driving innovation.* Institute of Design, Illinois Institute of Technology.
- Walker. D. (1989). *Managing Design: Overview, Issues, Open University Open Business Schoo*l, Milton Keynes.

참 고 문 헌

- 곤로 노보루. 노경아 역. (2012). *디자인사고.* 스펙트럼북스.
- 그레이그 M., 보겔, 조나단 케이건, 피터 보트라이트. (2005). *디자인으로 미래를 경영하라.* 럭스 미디어.
- 김덕현 외 9명. (2011). *융합경영.* 글로세움.
- 김덕현. (2010). *산업간 융합 패러다임과 기업의 활용전략.* 성장협연구.
- 김종선. (2011). *지속가능한 혁신을 하려면 꼭 필요한 디자인 경영.* 태학원.
- 김준동 외 8명. (2011). 산업융합 100대 사례집. 지식경제부/한국생산기술연구원.
- 김문조, 김남옥. (2011). *융합시대의 문명론적 진단.* 한국사회학. 제45집 5호.
- 김진호. (2010). *한국공예산업 현황에 관한 연구.* 서울과학기술대학교 NID융합기술대학원. 석사학위논문. p.8.
- 다니엘 벨. (1999). *탈산업.* 감원동, 박형신 역. 아카넷.
- 도널드 노만. 이창우 역. (2001). *디자인과 인간심리.* 학지사.
- 로저 마틴. 김정혜 역. (2008). *생각이 차이를 만든다.* 지식노마드.
- 박인철. (1991). *디자인 프로세스에 대한 연구.* 서울 시립대학교 논문집.
- 박주현. (2011). *디자인 중심의 혁신을 위한 디자인 가치에 관한 연구.* 이화여자대학교. 박사학위논문.
- 스티븐 코비. 김경섭 역. (1994). *성공하는 사람들의 7가지 습관.* 김영사.

- 송종국. (2010). *융합기술의 미래전망*. 과학기술정책연구원.
- 신영복. (1991). *감옥으로부터의 사색*. 한겨레신문(1991년 12월 20일 정운용과의 인터뷰 중에서).
- 아담 카헤인. 류가미 역. (2008). *통합의 리더십*. 에이지21.
- *에드워드 윌슨. 통섭(지식의 대통합). 사이언스북스. 2005.*
- 앤드류 사비츠, 칼 위버. 삼일회계법인 SBS팀 역. (2006). *지속가능경영의 3대 축(Triple Bottom Line)*. 거름.
- 이인식 외39명. (2010). *기술의 대융합*. 고즈윈.
- 임연웅. (2003). 디자인 방법론 연구. 미진사..
- 조동성, (2012). *디자인이론 디자인 경영 경영디자인*. 서울경제경영.
- 조동성, 산업정책연구원. (2007). *지속가능경영*. 서울경제경영.
- 조동성, 김보영. (2006). *디자인 혁명*. 럭스미디어.
- 피터 피스크. 김정수 역. (2009). *비즈니스 지니어스*. 마젤란.
- 하워드 리사티. (2011). *공예란 무엇인가*. 미진사.
- 한국공예·디자인문화진흥원. (2011). *공예산업 실태조사.*
- 홍욱진. (2002). *공예문화상품전문점의 고객만족도 연구*. 중앙대학교. 석사학위논문.

판권
소유

공예 디자인 혁신을 위한 융합적 사고

2014년 3월 20일 1판 1쇄 발행

저 자 김종선
발행인 이무형
발행처 태학원

등 록 제406-2012-000070호(1988년 1월 23일)

주 소 경기도 파주시 탄현면 장릉로49번길 26, 나동
전 화 031-941-4136, 02-719-6680
팩 스 031-941-4135

가격 14,000원

ISBN : 978-89-92832-77-9 93320